U0505898

United Nations
Educational, Scientific and
Cultural Organization
联合国教科文组织

Sustainable
Development
Goals

International Center for Creativity
and Sustainable Development
under the auspices of UNESCO
国际创意与可持续发展中心

2019 文化部长论坛

文化与公共政策

面向可持续发展

联合国教科文组织文化部门◎编
联合国教科文组织国际创意与可持续发展中心◎审校
张璐◎译

社会科学文献出版社
SOCIAL SCIENCES ACADEMIC PRESS (CHINA)

Published in 2022 by the United Nations Educational, Scientific and Cultural Organization (UNESCO), 7, place de Fontenoy, 75352 Paris 07 SP, France, International Center for Creativity and Sustainable Development (ICCSD, Category 2) under the auspices of UNESCO, 306, Design Plaza, Bldg 3, No.29 Jia, Beisanhuan Zhonglu, Xicheng District, Beijing 100029, People's Republic of China and Social Sciences Academic Press (China), CASS, 13th/15th Floor, Hualong Plaza, Bldg 3, No.29 Jia, Beisanhuan Zhonglu, Xicheng District, Beijing 100029, People's Republic of China.

© UNESCO / Social Sciences Academic Press (China) 2022

This publication is available in Open Access under the Attribution Share Alike 3.0 IGO (CC-BY-SA 3.0 IGO) licence (http://creativecommons.org/licenses/by-sa/3.0/igo/). By using the content of this publication, the users accept to be bound by the terms of use of the UNESCO Open Access Repository (http://www.unesco.org/open-access/terms-use-ccbysa-en).
本出版物采用开放获取基于知识共享署名－相同方式共享 3.0 政府间组织许可协议（署名－相同方式共享 3.0 政府间组织）进行许可（http://creativecommons.org/licenses/by-sa/3.0/igo/）。使用本出版物中的内容，使用者需受教科文组织开放获取储存档使用条件和规则的约束（http://www.unesco.org/open-access/terms-use-ccbysa-en）。

Original title: *Culture and Public Policy for Sustainable Development: Forum of Ministers of Culture 2019*. First published in 2019 by the United Nations Educational, Scientific and Cultural Organization (UNESCO), 7, place de Fontenoy, 75352 Paris 07 SP, France.
原出版物名称：*Culture and Public Policy for Sustainable Development: Forum of Ministers of Culture 2019*。首版由联合国教育、科学及文化组织于2019年在法国出版。

The designations employed and the presentation of material throughout this publication do not imply the expression of any opinion whatsoever on the part of UNESCO concerning the legal status of any country, territory, city or area or of its authorities, or concerning the delimitation of its frontiers or boundaries.
本出版物中使用的名称和介绍的材料不代表联合国教科文组织对任何国家、领土、城市、地区、其当局的法律地位或其边界划分发表任何意见。

The ideas and opinions expressed in this publication are those of the authors; they are not necessarily those of UNESCO and do not commit the Organization.
本出版物中的想法及观点均由作者提出，不代表联合国教科文组织的观点，也不由本组织承担责任。

Editor: International Center for Creativity and Sustainable Development (ICCSD, Category 2)_under the auspices of UNESCO
审校：联合国教科文组织国际创意与可持续发展中心
Contributing Authors: UNESCO Culture Sector
编者：联合国教育、科学及文化组织文化部门
Graphic and cover design: Grace Hodeir/ Recto Verso, Courbevoie (France)
图表与封面设计：Grace Hodeir, 库尔布瓦（法国）。

United Nations Educational, Scientific and Cultural Organization
联合国教科文组织
International Center for Creativity and Sustainable Development under the auspices of UNESCO
国际创意与可持续发展中心

The publication of Chinese version is organized and supported by International Center for Creativity and Sustainable Development (ICCSD, Category 2) under the auspices of UNESCO
中文版由联合国教科文组织国际创意与可持续发展中心组织并资助出版。

前言

INTRODUCTION

文化是我们共同的对话空间。在日益碎片化的脆弱世界里，我们必须以这一理念为指导，重新审视文化在公共政策中的基础性作用。我们面临着新挑战，这些挑战的范围和复杂性在过去二十年中不曾见过。今天，比以往任何时候都更加重要的是，我们要保护和促进文化多样性，这是由日益不平等、冲突死灰复燃和移民流动增加的共同影响造成的，我们的社会正在出现新的断层。在日益城市化的社会里，文化多样性是集体智慧的重要组成部分和重要来源。数字技术正在从根本上改变人们与工作和知识的关系，正在加速新机会的传播，如使人接触到文化的机会民主化、创造新职业和提出创新性解决方案，与此同时也出现了新挑战。应对气候变化的紧迫性还要求我们重新思考我们的经济模式和我们所处社会的状况，以便建立一个更加公正和可持续的世界。

挖掘文化对可持续发展的变革性潜在推动力是我们共同的目标，我们也正在为此努力。文化发展已牢固地被嵌入《2030年可持续发展议程》(以下简称《2030年议程》)，成员也在各自教育、经济发展、社会发展与社会融合等领域的国家发展计划中给予文化越来越重要的地位。过去二十年来，联合国教科文组织的文化公约和相关项目都调整了实施方案和手段，从而进一步扩大文化对可持续发展的影响，同时利用了一些新的政策工具来支持成员的文化政策。各种各样的参与者和行动网络为丰富和加强文化政策做出了贡献。作为创新的杠杆，城市已成为利用文化振兴公共空间、支持可持续发展教育、促进跨文化对话和促进弱势群体社会融入的重要参与者。公民社会越来越多地参与可持续发展，也为制定更具包容性的政策奠定了基础。

社会在发展，我们必须一起发展。这些变化影响深远，对文化政策形成了直接挑战。在一些碎片化比较明显的社会里，文化政策必须能够回应不同人群的诉求，还要保障其多元化发展和基本权利得到尊重。面对可持续发展的挑战，文化必须在公共政策的所有领域都能够发挥横向的、决定性的作用。文化政策还必须成为不同利益攸关方对话的一部分，融合他们的动态。为此，各国作为基本权利的保障者和主要监管机构，都要与国际组织、区域组织、地方政府、私营部门和民间社会积极合作。

正是在这种背景下，联合国教科文组织于2019年11月19日召开了文化部长论坛。在瑞典斯德哥尔摩举行文化政策政府间会议的21年后，联合国教科文组织首次把成员重新召集在一起，重申文化在公共政策中的跨领域作用以及成员部长级对话作为交流、分享和动员平台的重要性。本书是在论坛召开期间发布的，它是与区域和次区域政府间组织合作编撰完成的，并针对当前可持续发展面临的挑战概述了文化政策的优先事项、趋势和前景。它将鼓励我们将文化置于政治发展项目的核心，以建设将来更加包容和可持续的社会，这也与联合国教科文组织的创始宗旨相呼应。

致谢 Acknowledgements

如果没有许多机构、专家、专业人员及联合国教科文组织总部外办事处的贡献和支持，本书将无法出版，他们在动员区域和次区域两级机构的供稿方面发挥了关键性作用。

在联合国教科文组织文化助理总干事埃内斯托 · 奥托内 · 拉米雷斯（Ernesto Ottone Ramirez）的领导下，保拉 · 莱翁奇尼 · 巴尔托利（Paola Leoncini Bartoli）负责管理编辑团队，成员包括丹尼斯 · 巴克斯（Denise Bax）、艾曼纽尔 · 罗伯特（Emmanuelle Robert）、克莱尔 · 沙基（Clare Sharkey）、埃尔克 · 塞尔特（Elke Selter）和赵怡黎（Yiline Zhao）。

联合国教科文组织的许多专业人员和内部评审委员会都为这本书付出了时间，贡献了知识，给予了很多支持。我们要感谢吉奥马尔 · 阿隆索 · 卡诺（Guiomar Alonso Cano）、阿尔哈努夫 · 阿尔莫格比尔（Alhanouf Almogbil）、格图 · 阿塞法（Getu Assefa）、芭芭拉 · 布兰夏尔（Barbara Blanchard）、加布里埃尔 · 布伦尼奇（Gabriel Brunnich）、奥利维娅 · 伯恩斯（Olivia Burns）、胡安妮塔 · 卡萨斯 · 卡斯特利翁（Juanita Casas Castrillon）、梅利卡 · 梅迪奇 · 考基诺（Melika Medici Caucino）、卡蒙拉特 · 查亚马尔特（Kamonrat Chayamarit）、莫伊 · 千叶（Moe Chiba）、艾蒂安 · 克莱门特（Etienne Cl é ment）、丹妮尔 · 克莱什（Danielle Cliche）、贝内德塔 · 科斯科（Benedetta Cosco）、蒂莫西 · 柯蒂斯（Timothy Curtis）、劳拉 · 德 · 斯特凡尼（Laura De Stefani）、菲利普 · 德朗格（Philippe Delanghe）、彼得 · 德布林（Peter Debrine）、达米尔 · 迪雅科维奇（Damir Dijakovic）、杨碧幸（Hanh Duong Bich）、多琳 · 杜布瓦（Dorine Dubois）、杰梅尔 · 埃丁 · 本 · 阿卜杜拉（Jamel Eddine Ben Abdallah）、拉扎尔 · 埃隆杜 · 阿索莫（Lazare Eloundou Assomo）、劳拉 · 弗兰克（Laura Frank）、奥里奥尔 · 弗雷莎 · 马塔隆加（Oriol Freixa Matalonga）、穆塔纳 · 万吉拉 · 加库鲁（Mutana Wanjira Gakuru）、萨拉 · 加西亚 · 德乌加特（Sara Garcia de Ugarte）、弗朗西斯科 · 戈梅斯 · 杜兰（Francisco Gómez Durán）、玛丽亚 · 格罗帕（Maria Gropa）、希马尔丘利 · 古龙（Himalchuli Gurung）、韩俊希（Junhi Han）、卡里姆 · 亨迪利（Karim Hendili）、弗洛里斯 · 亨德谢尔（Florisse Hendschel）、詹 · 赫拉迪克（Jan Hladik）、穆罕默德 · 朱玛（Muhammad Juma）、黄丹妮（Danni Huang）、弗朗索瓦 · 朗洛伊斯（François Langlois）、丽塔 · 梅路易丝 · 海德（Rita Mae Louise Hyde）、比阿特丽斯 · 卡尔登（Beatrice Kaldun）、努尔 · 凯亚尔（Noor Kayyal）、艾古尔 · 哈拉福娃（Aigul Khalafova）、李多云（Doyun Lee）、冯静（Feng Jing）、乔治 · 约瑟夫（George Joseph）、乔蒂 · 霍萨格拉哈（Jyoti Hosagrahar）、金在熙（Injee Kim）、柯冷（Ke Leng）、克里斯蒂安 · 曼哈特（Christian Manhart）、劳伦斯 · 迈尔 · 罗比泰尔（Laurence Mayer-Robitaille）、沃利 · 梅洛托（Wally Merotto）、卡拉林 · 蒙蒂尔（Karalyn Monteil）、赫莱恩 · 莫拉莱斯（Hélène Morales）、塔妮娅 · 莫拉莱斯（Tania Morales）、卡罗琳 · 穆尼尔（Caroline Munier）、马萨诺里 · 长冈（Masanori Nagaoka）、乔博 · 尼（Qiaobo Ni）、阿德勒 · 尼博纳（Adele Nibona）、什里斯塔 · 尼普纳（Shrestha Nipuna）、弗朗克 · 恩卡亚（Franck Nkaya）、安妮 · 克劳德 · 恩索姆 · 扎莫（Annie Claude Nsom Zamo）、林恩 · 帕切特（Lynne Patchett）、莱安德罗 · 佩雷多（Leandro Peredo）、尤里 · 佩什科夫（Yuri Peshkov）、克里斯塔 · 皮卡特（Krista Pikkat）、格森 · 皮内达（Gerson Pineda）、爱德华 · 普朗奇（Edouard Planche）、罗谢尔 · 罗卡 · 哈切姆（Rochelle Roca-Hachem）、米歇尔 · 罗马诺（Michele Romano）、马特奥 · 罗萨蒂（Matteo Rosati）、毛罗 · 罗西（Mauro Rosi）、梅奇蒂尔德 · 罗斯勒（Mechtild Rössler）、玛丽莎 · 波塔亚克（Marissa Potasiak）、查克 · 普朗姆（Chak Prom）、拉苏尔 · 萨马多夫（Rasul Samadov）、乔瓦尼 · 塞皮（Giovanni Scepi）、苏珊娜 · 施努特根（Suzanne Schnuttgen）、西尼萨 · 塞苏姆（Sinisa Sesum）、梅 · 沙尔（May Shaer）、西纳奥莱瓦努 · 索法（Sinaolevanu Sofa）、蒙塔卡恩 · 苏瓦纳塔普（Montakarn Suvanatap）、赤崎高桥（Akatsuki Takahashi）、玛格丽达 · 托尔（Margarida Tor）和索科娜 · 图恩卡拉 · 索莱蒂（Sokona Tounkara Souletie）。

区域研究方面，离不开世界各地的许多专业人士、专家和机构代表严谨细致的研究性投入。我们要特别感谢杰拉尔 · 阿卜杜勒凯菲（Jellal Abdelkefi）、艾哈迈德 · 阿布 · 盖特（Ahmed Abou Gheit）、亚辛 · 阿德内内（Yacine Adnene）、哈比巴 · 阿劳伊（Habiba Alaoui）、胡达 · 沙瓦（Houda al-Shawwa）、佩尼尔 · 阿斯克鲁（Pernille Askerud）、弗洛伦斯 · 拜伦（Florence Baillon）、悉尼 · 巴特利（Sydney Bartley）、阿卜杜拉鲁夫 · 巴斯蒂（Abderraouf Basti）、瓦法 · 贝尔加塞姆（Wafa Belgacem）、哈比卜 · 贝尔赫迪（Habib Belhedi）、阿泽丁 · 贝斯朝古（Azedine Beschaouch）、希拉里 · 布朗（Hilary Brown）、林 · 邦霍克（Lim Bunhok）、佐伊 · 凯塞利（Zoe Caselli）、索恩 · 达尔瓦扎（Saousen Darwaza）、伊斯梅尔 · 易卜拉欣 · 达乌德（Ismail Ibrahim Daoud）、里安 · 德哈斯 · 布勒多格（Riane de Haas-Bledoeg）、穆罕默德 · 埃多

姆（Mohamed Edoummou）、穆拉德·卡迪里（Mourad El Kadiri）、布拉希姆·艾尔马兹内德（Brahim El Mazned）、加利拉·艾尔卡迪（Galila Elkadi）、理查德·恩格尔哈特（Richard Engelhardt）、埃内斯托·埃斯皮多拉（Ernesto Espíndola）、艾哈迈德·埃泽特（Ahmed Ezzet）、迪米特·甘特切夫（Dimiter Gantchev）、莉莎·吉斯伯特（Liza Gisbert）、阿纳亚·冈萨雷斯（Anaya González）、伊斯梅尔·冈萨雷斯（Ismael González）、哈耶特·盖塔特（Hayet Guettat）、马哈茂德·盖塔特（Mahmoud Guettat）、哈娜·哈吉·阿里（Hanane Haj Ali）、埃尔维拉·伊利贝佐娃（Elvira Ilibezova）、泰罗·金奈（Teruo Jinnai）、萨布丽娜·卡米利（Sabrina Kamili）、阿斯兰·克伦贝科夫（Aslan Kerembekov）、苏达里·胡安（Sudary Khuon）、恩格泰（Eng Kok-Thay）、卢西尔·埃丝特·库阿西布尔（Lucile Esther Kouassi-Ble）、亚历山大·科瓦列夫斯基（Alexander Kovalevski）、卡洛斯·克罗尔（Carlos Kroll）、莱图拉·奎尼塞拉尼（Leituala Kuiniselani）、阿卜杜拉赫曼·拉希（Abderrahmane Lahi）、丹巴·朗·法法（Dampha Lang Fafa）、阿富穆纳·拉乌卢（A Faumuina La'ulu）、西尔文·勒隆（Sylvain Lelong）、拉法埃勒·卢波（Lafaele Lupo）、姆布亚姆巴·卢普维希（Mbuyamba Lupwishi）、萨利·马布罗克（Sally Mabrouk）、哈马杜·曼德（Hamadou Mande）、阿尔方斯·马丁内尔·塞姆佩雷（Alfons Martinell Sempere）、罗德里戈·马丁内斯（Rodrigo Martínez）、安吉拉·马丁斯（Angela Martins）、路易莎·马沃亚（Luisa Mavoa）、索尼娅·姆巴雷克（Sonia Mbarek）、塞利姆·纳法尔（Selim Naffar）、图布卢·科米·恩克贝·福加（Tublu Komi N'Kegbe Foga）、瓦莱丽·奥卡·科科尔（Valérie Oka Kokore）、达尼埃莱·皮尼（Daniele Pini）、里姆·卡西姆（Reem Qassem）、安德烈亚·理查兹（Andrea Richards）、马哈茂德·鲁卡（Mahmoud Rouka）、阿贾拉·萨杜科娃（Ajara Sadukova）、穆拉德·萨克利（Mourad Sakli）、瓦伦蒂娜·谢巴科娃（Valentina Sherbakova）、艾哈迈德·斯坎蒂（Ahmed Skounti）、玛丽亚·保利娜·索托·拉贝（María Paulina Soto Labbé）、雅拉·索斯（Yara Suos）、丹尼尔·塔博加（Daniel Taboga）、托卢佩·塔戈·埃利萨拉（Toelupe Tago-Elisara）、埃尔维拉·塔什库洛娃（Elvira Tashkulova）、恩里克·瓦尔加斯·弗洛雷斯（Enrique Vargas Flores）、索亚伊布·瓦里索（Souayibou Varissou）、卡洛斯·维拉塞尼奥（Carlos Villaseñor）、因维·扬（Invey Yan）、拉娜·亚扎吉（Rana Yazaji）和费蒂·兹贡达（Fethi Zghonda）。

区域研究中有关世界不同区域文化政策的优先事项和趋势的研究是与许多次区域和区域政府间组织合作完成的，对此我们深表感谢。我们要感谢亚洲文化协会（the Asian Cultural Council，ACC）、阿拉伯联盟教育、文化及科学组织（the Arab League, Educational, Cultural and Scientific Organization，ALECSO）、加勒比共同市场（the Caribbean Community，CARICOM）、东南欧文化部长理事会（the Council of Ministers of Culture of South-East Europe，CoMoCoSEE）、联合国拉丁美洲和加勒比经济委员会（the United Nations Economic Commission for Latin America and the Caribbean，ECLAC）、欧洲联盟（the European Union，EU）、太平洋共同体（the Pacific Community，SPC）和伊比利亚美洲总秘书处（the Ibero-American General Secretariat，SEGIB）。区域研究方面还得益于许多政府部门合作伙伴的努力，包括加拿大文化遗产部、魁北克省文化和传播部及联合国教科文组织相关成员的贡献（联合国教科文组织为筹备文化部长论坛而在2004年发起的磋商进程的一部分）。

此外，区域研究还得益于联合国教科文组织的科学和技术伙伴的诸多贡献，有亚洲愿景研究院（Asian Vision Institute，AVI）、埃尔-皮基尔民意与预测研究中心（Centre for the Study of Public Opinion and Forecasting，El-Pikir）、非洲文化政策观察站（Observatory of African Cultural Policies，OCPA）等。

最后，我们特别感谢格蕾丝·霍代尔（Grace Hodeir）和娜迪亚·塔班吉（Nadia Tabangi），排名不分先后，感谢他们为本书做的设计和排版；感谢艾莉森·克莱森（Alison Clayson）、朱莉·佩雷拉（Julie Pereira）和朱莉叶·里奥（Juliette Rio），是他们承担了区域研究的原稿和本书全稿的编辑校对工作。联合国教科文组织内外的许多合作者都参与了本书的翻译和制作，感谢他们每一个人。

目录 CONTENTS

可持续发展视角下的文化政策

可持续发展：共同的承诺

全新挑战将文化置于解决社会问题的前沿

在过去二十年里，世界面临着全新的挑战。这些挑战的范围、复杂性和互联性决定了整体公共政策的格局，给文化政策提出了新的问题，给文化领域带来了前所未有的挑战和机遇。这些挑战也让人们重新审视文化在社会中的基本作用、文化在公共政策中的地位及文化对建设一个更加公正、公平和可持续世界的潜在贡献。

确保保护和促进文化多样性以建设多元民主社会是至关重要的挑战。国家内部和国家之间的不平等现象日益严重，遍布世界所有地区。在获得基本服务、教育和医疗方面的巨大差异正在损害社会。大规模的民众抗议反映出，部分人享受体面生活和行使基本权利的能力日益减弱。过去十年来的武装冲突和经济不安全都加速了移民流动，这给人力资源流入国和流出国都带来了新的挑战，尤其是年轻一代。无论是北半球还是南半球，针对某些人群的新断层以及新的（或者死灰复燃的）歧视形式正在出现。这种两极分化的现象凸显了国家的双重责任，各国需要在保护文化特性、确保社会包容度的同时保证发声的多元化。在这种情况下，当前文化政策的目的是促进对人权的尊重和跨文化对话，同时提升社会的凝聚力、包容度、复原力、参与度，倡导人人皆可接触文化，这些都是和平的保障。

在世界某些地区，经济和社会的不平等加剧了冲突，导致了长期危机，造成越来越大的经济和社会影响。直接后果是经济移民空前加速和长期难民状态。冲突加剧对文化产生了巨大影响，蓄意破坏文化遗产及侵犯文化和人权的行为有所增加，破坏了对文化多样性的尊重。危机也损害了对社区复原力至关重要的活态遗产。

必须应对气候变化、改善海洋和陆地生态系统已成为摆在所有人面前的现实。动植物物种迅速灭亡、人类生活环境恶化以及文化和自然遗产承受的越来越大的压力——特别是灾害和极端天气日益频繁带来的压力——是对公共政策的重大挑战。某些地区农业生产力下降、水资源短缺和海平面上升导致气候移民数量增加，特别是撒哈拉以南非洲、南亚、加勒比地区和拉丁美洲。除减少二氧化碳排放这一当务之急之外，人们还需建立一个以人类为中心但生态友好的社会模式，认识到人类与环境之间的相互作用，以及文化和生物多样性之间的内在联系，将其作为可持续发展的重要组成部分。这些严峻的挑战也促使人们认识到需要建立新的机制。公民社会，特别是年轻人空前的积极参与，证实人类有建立全球公民意识以应对共同挑战的愿望。同样，公民社会和私营部门在关于可持续发展的公开讨论中发挥着越来越大的作用，也凸显了这个正在兴起的机制。

数字技术的迅猛发展带来了根本性变化，正在深刻地改变着我们的社会及经济模式。知识经济和数字技

* 本书使用地图为原书地图。

术的加速传播正在彻底改变我们与工作、知识和整个人类生活的关系。这些变化还将影响到我们与文化的关系，以及我们获取文化和消费文化的方式。这些变化带来了新的机遇，包括文化民主化、经济机会增加和追求基于创意和创新的解决方案；也带来了新的挑战，特别是文化多样性由于市场和数字技术集中而被削弱。

城市化进程加快是这些当代挑战的大背景。当今世界的大部分地区是城市，且城市化进程只会不断加速。由于经济、社会和环境问题都集中在城市，城市反映并放大了当代的挑战。城市是二氧化碳排放的主要地区，其中社会和空间的不平等也越来越明显。然而，城市也是建设一个更加可持续的世界的变革动力和创新源泉，这种城市化发展趋势对文化产生了巨大影响。越来越多人由于经济、政治和气候因素向城市迁移，他们丰富了文化多样性，且文化多样性是社会中比以往任何时候都更加重要的组成部分。这种多样性体现在现在城市中的各种语言、文化表现形式、生活方式和消费模式上，具有巨大的潜力。

尽管这些变化的性质和范围仍然难以预测、把握或衡量，但它们需要人们对文化作为人类社会工程核心组成部分的角色重新投资。这种全新的全球格局直接涉及文化政策，既关系到文化政策的目的（必须与可持续发展目标紧密结合），也关系到文化政策的实施方式。文化政策必须有更好的交叉性和协作性，以解决复杂多维的问题。

《2030年议程》及其交叉方法

考虑到这些问题的规模及其联系，实现可持续发展必须被列为当今公共政策的优先事项。联合国《2030年议程》为建立一个更加公正和可持续的世界提出了共同愿景。《2030年议程》提供了一个支持各国制定和执行涉及地方、国家和国际各层面公共政策的框架。以全面的可持续发展方法为基础，超越经济增长，关注人类发展。《2030年议程》与之前的“千年发展目标”相比，无论是在范围上（现在关注所有国家，而不仅仅是发展中国家），还是在概念方法上都发生了范式转变。《2030年议程》以17个可持续发展目标（SDG）和169个具体目标（Target）为基础，围绕五大支柱（5P）展开，即人类（People）、地球（Planet）、繁荣（Prosperity）、和平（Peace）和伙伴关系（Partnerships）。这五大支柱既反映了可持续发展的基本维度，即经济、社会和环境（人类、地球和繁荣），也涉及两个基本条件（和平和伙伴关系）。因此，可持续发展被视为一组相互关联的变量，从减轻贫困到教育、就业、社会正义和环境保护，突出了不同公共政策领域之间的紧密联系。

变化中的公共政策

实现多级治理

过去二十年，公共政策的范围和执行都发生了深刻变化，其中也包括文化政策。在比较不同国家的发展轨迹时，会看到特定的某些趋势。虽然制度权力以前以国家为中心，但现在受到一系列利益攸关方的影响，如支持国家在国家层面开展宣传工作的区域组织、地方当局和非国家行为体。这一演变表明需要制定一个可知情、可参与的对策并重新协作团结，以解决日益复杂的问题。这也是社会分裂的后果之一，由此产生了新的文化需求和新的行为体。

世界大部分地区的地方政府都在崛起，既有城市政府，也有区域政府，这是城市对经济和人口的重要性提高的结果，也是一些国家正在经历的权力下放进程的结果。这导致国家和地方当局之间以不同方式在不同程度地重新解释或重新分配职能。这种转变对文化领域产生了深刻影响。虽然地方文化行动在过去往往是城市任务的一部分，但在一些国家曾经被认为是国家特权的权限已经被下放，如清查文化遗产。在一些区域，特别是在非洲，分散管理的合作计划对文化产业做出了重大的技术贡献和经济贡献。正如"联合国教科文组织创意城市网络"（UNESCO Creative Cities Network, UCCN）证明的那样，越来越多的城市将创意置于区域战略的核心，支持创意产业发展、考虑文化多样性和弱势群体以扩大文化范围，并让民间社会参与制定地方文化战略。

与此同时，民间社会在制定和执行公共政策方面的作用得到了加强和进一步调整，这反映出人们对更加深入地参与治理的愿望，尽管民间社会的参与程度因地区而异。民间社会通过向公共管理部门传达社区的愿望，在监测和参与跟他们直接有关的问题方面发挥着越来越重要的作用。民间社会还在不同程度上帮助确定需求和制定政策。在许多国家，民间社会鼓励和支持公共治理中的问责制。社交网络、互动平台等数字技术通过鼓励培育和分享思想促进了民间参与，特别是通过参与平台。民间参与的兴起尤其在文化领域引起了共鸣。文化提供了一个更新公民与公共管理部门之间关系的宝贵场所，鼓励公民提出想法、重申基本权利的重要性，并鼓励社区参与。民间社会活动和趋势的产生往往出于保护共同遗产，或力图收回被忽视的文化活动空间。艺术家和文化专业人员直接促进了公众对可持续发展的认识。

由于出现了这些新的利益攸关方，公共行动的资金来源也变得多样化。虽然欧洲、阿拉伯国家等地的公共管理部门在文化资助方面仍然发挥着重要作用，但来自民间社会和私营部门的其他利益攸关方正扮演着越来越重要的角色。在一些国家，城市和地区公共资金的增加得到了地方税收的支持。在文化领域，无论是对于遗产修复还是文化生产，众筹系统都变得愈发重要。

次区域和区域机制

加强次区域和区域机制是一个明显的趋势，特别是在次区域和区域政府间组织推动下进行。各区域和次区域往往因共同文化或语言联系而团结在一起，是配合和构建国家政策、传播国际监管工具以及在某些情况下影响或改变国家优先事项的重要空间。《2030年议程》进一步推动了这些次区域和区域机制的发展，支持将可持续发展目标纳入国家政策，并使之适应具体区域需求的努力。

文化在这些机制中正在变得日益重要，文化往往是区域对话的基础之一。例如，促进非洲文化复兴的工作就可以印证这一点，而非洲文化复兴是非洲联盟《2063年议程》的核心内容。次区域和区域机构可以促进实施联合国教科文组织文化公约，独立国家联合体（CIS）建立的法律范本就体现了这一点，目标是巩固实施《关于发生武装冲突时保护文化财产的公约》（1954）、《关于采取措施禁止并防止文化财产非法进出口和所有权非法转让公约》（1970）和《保护世界文化与自然遗产公约》（1972，以下简称《世界遗产公约》）。区域战略也有助于突出特定区域的问题。因此，太平洋共同体倡导的战略在一个特别容易受到气候变化影响的区域将文化锚定在复原力的逻辑之中。区域组织也有助于加强文化治理，支持执行《保护和促进文化表现形式多样性公约》（2005），该公约涉及生产文化产品和地方文化内容，这是欧盟（EU）采取办法的核心内容。区域合作还可以促进文化筹资和艺术家的区域流动，例如加勒比共同体（CARICOM）在加勒比地区的工作。

网络的力量

新技术的传播正在对文化领域产生深远影响，导致文化价值链发生根本性转变。曾经的创作—生产—销售—获取的线性链条现在变成了一个网络，不同的行为体会在其中实时互动。尽管数字技术在世界各地的发展仍不平衡，但它正在促进新的网络和信息共享形式的出现，这有助于扩大数字技术的影响范围并使之民主化。文化产品和服务的加速数字化使文化更容易获得，减少了创作和生产的时间和成本，促进了新创作形式的出现。然而，这也带来了新的挑战，特别是市场集中、知识产权和主要平台垄断等问题。

总的来说，新技术的发展伴随着公共政策网络的兴起和国家现代化的出现，公共政策网络尤以区域和国际城市网络以及专业和专题网络为典型。这些网络旨在支持公共政策并分享良好做法，是可持续发展公共政策创新的杠杆，有时专门针对某些方面，例如气候变化和社会包容性。这些网络有助于在同行交流和分享专门知识的基础上加强横向治理，也有助于更新多边主义机制。

文化政策：趋势、优先事项和新出现的挑战

文化政策领域的扩大

虽然有些国家还没有文化政策，但这种情况在过去二十年来有所改善。许多国家设立了专门的文化机构，提高技术、人力和财政的承受能力，并发布了正式的文化政策文件。实施联合国教科文组织各项文化公约是重大发展，因而调整或加强了国家立法框架，还建立和实施了监测和评估机制。在基本没有国家文化政策的国家，特别是太平洋地区的国家，这一进程正在进行，尤其是在次区域组织和太平洋区域积极参与多边谈话的鼓励下。然而，文化在公共政策优先事项中的地位仍然很低，文化支出在世界各国的国家支出中的比例始终不变甚至不断下降。一些国家的核心目标是将文化支出占公共政策支出的比例控制在最低（一般是1%～2%）。

文化政策的跨部门方法已经有所增加。在许多国家，除了保护与国家建设密切相关的建成文化遗产的传统工作，文化政策也越来越关注保护创意产业和非物质遗产。促进接触文化和文化参与仍然是文化政策的重要方面。这些努力往往以文化发展干预的形式出现，如发展知识空间（博物馆、文化中心和图书馆）、重建文化表达和活动的公共空间（节日、博览会等）及加强文化和艺术教育。总的来说，文化政策正发挥着更加明确的社会支持作用。在多元文化社会中，文化政策现在必须满足不同公民的需求和愿望，并促进社会包容性。

文化政策涵盖了文化多样性、非物质文化遗产、文化产品及服务和文化外交，其政策范围已变得更加广泛、更具流动性和跨越更多领域。因此，数字技术、手工艺、旅游、发展公共空间以促进文化发展等公共政策领域超出了文化部和文化机构的全权职责范围，尽管它们与文化领域直接相关。文化政策的职能也发生了深刻变化。在国家文化政策已经存在一段时间的地区，文化基础设施项目在国家政策中的地位往往不那么突出；相反，地方当局、私营部门和民间社会越来越多地参与文化设施的融资和管理。在面临数字时代新挑战的同时，监管仍然是一项核心任务，国家仍然全权负责立法和制定标准。教育、传播和引导公

众讨论已具有新的重要性，目的是加强非正式、技术、职业的教育与培训，以及终身学习，以更好地应对人口多样性和包容性的挑战。

尽管从历史上看，文化政策相对独立于公共政策的其他领域，这在世界各地都是一个相当普遍的趋势。但文化政策的施行范围近年来有所扩大，目的是提高文化的经济和社会潜力，并投资了与经济增长、教育、社会包容、土地使用规划和健康有关的政策。

可持续发展挑战的复杂性和互联性使不同公共政策领域之间的界限变得更加模糊，强化了跨领域的理由（跨部门、跨行业合作等），并出现了新的公共行动部门，特别是在数字技术和两性平等方面。公民社会和地方机构兴起后，通过促进合作和综合方法突出了这种交叉趋势。落实《2030年议程》往往会强化这些跨领域方法，并使之扎根于公共政策之中。因此，与实施《2030年议程》有关的国家进程促进了各国部委之间的合作，有时会引入可持续的跨部门协作系统。

虽然这种文化上的跨领域方法并不新鲜，它在世界文化政策会议（Mondiacult，墨西哥城，1982年）中占有重要地位，但文化政策很少融入可持续发展的概念。自《2030年议程》通过以来，文化对可持续发展的贡献在国家和地方文化政策中得到了更明确的体现，特别是文化对经济发展、社会包容和教育的贡献。与此同时，文化在公共政策的其他领域变得更加突出，特别是在城市发展方面。文化已被逐步纳入国家发展计划，同时，成员在落实《2030年议程》框架内制定的自愿国别评估（VNR）。

尽管文化政策具有使文化扎根于可持续发展中的潜力，但这些领域在文化政策中仍然普遍缺失。例如文化往往处于冲突的中心：要么是冲突的源头，要么是冲突的目标，要么是被殃及的受害者。但国家文化政策很少关注建设和平、管理和解决冲突，也很少关注文化在长期危机局势下的复原力和对社会经济发展的贡献（尽管这个问题是许多计划尤其是联合国教科文组织支持的计划的主题）。同样，尽管文化遗产受气候变化的影响很大，且创意产业支持生态转型相关公共讨论的潜力受到广泛认可，但生态转型和应对气候变化很少被作为文化政策的具体目标。

文化与可持续发展：联合国教科文组织的战略倡议

支持性思考：重大政府间会议

联合国教科文组织任务的关键组成部分

自成立以来，联合国教科文组织为各任务领域的部际对话提供了一个战略平台。举办重大部际会议是联合国教科文组织战略职能的一部分，并为其创始使命服务。其创始使命即：1）发挥思想实验室的作用；2）通过政策分析和监督制定全球议程；3）确定规范和标准；4）加强机构、业务和智力方面的国际合作；5）为政策制定和执行提供指导。随着时间的推移，这些重大会议有助于支持文化、教育、科学和传播领域的反思和公开讨论，并形成了支持成员制定和执行政策的概念和工具。

联合国教科文组织在文化领域的第一批方案反映了战后国际的政治和社会状况。由于联合国教科文组织的任务是通过教育、科学和文化促进和平建设，因此会优先考虑促进艺术领域的国际合作和承认文化特性的多样性。这促进通过了《世界版权公约》(1952)和《国际文化合作原则宣言》(1966)。后者指出，"每种文化都有其尊严和价值，必须予以尊重和保护"，以及"所有文化都是全人类共同遗产的一部分"。在联合国教科文组织的倡议下，1970年在威尼斯（意大利）举行了一次关于文化的体制、行政和财政问题的政府间会议，从而产生了"文化发展"和"发展的文化层面"的概念。

联合国教科文组织随后组织了一系列重大会议，反映了20世纪70年代可持续发展国际思想的开端，其中包括世界文化政策会议（墨西哥城，墨西哥，1982年）和政府间文化政策促进发展会议（斯德哥尔摩，瑞典，1998年）。这些会议调动了大量成员，并在随后几年里取得了重大进展，使联合国教科文组织能够在全球范围内履行其文化职责。这些进展包括文化多样性概念的出现（由《世界文化发展十年（1988—1997）》和1995年世界文化与发展委员会发布的《我们具有创造力的多样性》的联合国教科文组织报告所引发）将非物质文化遗产纳入文化范围扩大了文化概念（主要由1989年联合国教科文组织《保护传统文化和民俗的建议》和2001年联合国教科文组织《世界文化多样性宣言》引发了讨论），以及为支持发展制定新的全球文化政策议程（斯德哥尔摩，1998年）。

这种思想在一些国际和政府间会议以及联合国教科文组织编写的《世界文化报告》(1998年和2000年）中得到了正式表述和广泛交流。这支持了一系列概念、定义和文件的发展，而这些内容不断丰富着文化政策，并为展示文化在发展中的地位奠定了基础。

促进成熟规范性框架产生的概念基础

这些部长级会议及其产生的全球报告支持成员确定优先事项，以及起草国际准则性文件（联合国教科文组织的文化公约、建议和宣言）和国家立法。过去二十年来通过的准则性文件，包括《世界文化多样性宣言》(2001)、《保护水下文化遗产公约》(2001)、《保护非物质文化遗产公约》(2003)、《关于蓄意破坏文化遗产问题的宣言》(2003）和《保护和促进文化表现形式多样性公约》(2005)，都是以这种方式开始的，其概念和基本原则也是如此。这些思考及其产生的政治意愿也促使早期的三个公约逐步调整概念和方法以适应当代的挑战。这三个公约是《关于发生武装冲突时保护文化财产的公约》(1954）及其两个议定书（1954年和1999年）、《关于采取措施禁止并防止文化财产非法进出口和所有权非法转让公约》(1970）和《世界遗产公约》(1972)。值得注意的进展包括增加遗产类别，将非物质文化遗产、自然景观、城市历史景观和工业遗产包含在内，以及根据发展挑战调整遗产保护的做法。

将可持续发展扎根于规范性行动：联合国教科文组织的文化公约和建议书

可持续发展处于各公约的核心

联合国教科文组织的各项文化公约是应成员的要求起草和通过的，公约要求制定国际标准作为国际合作和制定国家文化政策的基础。历时55年制定的这些准则性文件反映了国际社会在通过这些文件时文化领域的优先事项。公约还反映了文化政策的演变以及各政府和非政府利益攸关方发挥的作用。这些准则性文件互为补充，涉及主题不同，可以作为国家文化政策的参考。最近通过的文件有助于更好地理解以前的文件，因为它们体现了过去政策的影响，并对不断变化的社会的新需求做出反应。总体而言，这些文件构成了一系列支持成员通过文化政策在全球化和不断变化的世界中维护、保护和促进世界文化多样性的工具。

在不到二十年的时间里，联合国教科文组织在2001年、2003年和2005年通过三项新的公约，并加强对以前三项公约的批准和实施，由此极大地扩大了自己在文化领域的准则性行动，所有这些都大大加强了联合国教科文组织在文化领域的规范性基础。在国家层面，联合国教科文组织文化公约的扩展有助于加强和更新文化部门的立法框架，融入更全面的文化观。联合国教科文组织的战略重点是制定准则性行动，这一方面的战略重点在过去五年因金融危机和目标重新调整而更明显。这样的战略重点有助于成员就文化行动的挑战和目标达成政治共识，通过完善概念和业务工具、促进和建立其他类型利益攸关方的合作实施这些公约，如技术和专业组织、联合国教科文组织教席、研究中心和机构（过去两年中出现了更多的研究中心和机构），以及私营部门合作伙伴。

文化多样性和发展的原则是联合国教科文组织各项文化公约的核心。这些公约致力于保护和保障文化财产、物质遗产和非物质文化遗产，以及促进文化表现形式的发展，目的是保护文化多样性并确保将其传给后代。然而，每个公约都根据具体的干预领域提出了自己的独特见解。近年来，联合国教科文组织的文化公约和计划调整和丰富了方法，以更好地展示组织对可持续发展的影响和直接贡献。大多数公约现在都以各种方式将可持续发展目标纳入了执行和监测机制。

提高准则性文件的影响：一个持续的过程

《关于发生武装冲突时保护文化财产的公约》及其两项议定书（1954年和1999年）侧重于发展的文化、人道主义和安全方面。这些内容现已得到广泛认可，并在联合国大会和安全理事会的若干决议中得到引用。该公约规定要对攻击文化遗产的行为进行刑事处罚，直接促进了实现文化遗产的具体目标11.4。该公约还有助于提高可持续发展技能（具体目标4.7），提升武装部队、海关和警力机关代表和参与保护文化遗产的人员的能力。

《关于采取措施禁止并防止文化财产非法进出口和所有权非法转让公约》（1970）是支持安全与建设和平的重要工具（可持续发展目标16）。保护文化遗产（具体目标11.4）和归还被盗财产（具体目标16.4）与该公约的任务直接相关。该公约还有助于促进可持续发展的教育（具体目标4.7），开展针对公众和游客的宣传。最后，它还通过组织交流和能力培养讲习班为预防暴力做出贡献（具体目标16.a）。

《世界遗产公约》(1972)自通过以来一直是制定和测试新方法的平台，揭示了文化遗产和自然遗产对可持续发展的重要性。该公约的范围是保护文化遗产和自然遗产的具体目标11.4的关键。世界遗产委员会于2015年通过的“世界遗产和可持续发展政策”是将可持续发展理念纳入《世界遗产公约》机制的一个重要里程碑。它指导缔约方充分利用文化遗产的潜力，促进可持续发展，并使其成为地方和国家进程的一部分。实施该公约有利于环境可持续发展，保护水资源、生物多样性等(具体目标6.6、14.5和15.1)，并加强文化遗产的复原力(可持续发展目标2.4和11.4)。该公约通过促进福祉和公平(具体目标10.2)、尊重基本权利(具体目标16.10)、社区参与(具体目标16.7)和性别平等(具体目标5.5)来促进包容性社会发展。该公约还通过刺激公平增长、创造体面工作(具体目标8.3)和可持续旅游业(具体目标8.9和12.b)支持包容性经济发展。它还支持技能和创新的发展(具体目标4.4和4.7)，并通过预防和解决冲突来维持和平与安全(具体目标16.a)。最近，该公约执行情况定期报告的调查表中引入了可持续发展问题，以收集缔约方为达成可持续发展目标而开展的活动所做贡献的信息。《关于城市历史景观的建议书》(2011)也支持该公约在城镇发展方面的作用(可持续发展目标11)，提出了保护城市遗产的全球方针，将空间、经济、社会和环境联系起来。

《关于保护和加强博物馆与收藏及其多样性、社会作用的建议书》(2015)提供了一个框架，以确保博物馆成为文化传播、跨文化对话、学习、讨论和培训的场所。通过这种方式，博物馆鼓励社会包容性(具体目标10.2)，并帮助培养促进可持续发展所需技能(具体目标4.7)。

《保护水下文化遗产公约》(2001)涵盖了对可持续发展至关重要的社会和环境方面的内容。该公约通过开展有关海洋及其遗产的教育活动支持可持续发展教育(具体目标4.7)，并促进沿海城市的可持续性和保护其文化特性。水下文化遗产是过去人们如何适应气候变化或受气候变化影响的证明，有助于促进气候变化教育(具体目标13.3)。水下文化遗产还揭示了人类与海洋、湖泊和河流之间的历史关系。其研究和保护活动有助于为子孙后代更好地保护海岸线和海洋区域。这些活动还能提高可持续旅游业的经济和社会效益，促进水生资源的养护和可持续利用(具体目标14.5和14.7)。

《保护非物质文化遗产公约》(2003)承认非物质文化遗产作为文化多样性的载体和可持续发展的助推器的重要性。2016年通过了实施公约的《行动指令》，其中第六章就如何加强非物质文化遗产作为可持续发展的杠杆和保障作用，以及如何将活态遗产保护纳入发展规划、政策和方案向缔约国提出建议。《2030年议程》也通过定期报告和总体成果框架被纳入该公约的监测机制。代代相传的活态遗产知识和实践，涵盖农业和粮食系统、传统医学、自然资源管理、生态系统服务、生态资源管理等众多领域。它们对粮食安全(可持续发展目标2)、卫生系统建设(可持续发展目标3)、优质教育(可持续发展目标4)、性别平等(可持续发展目标5)、生产性就业和体面工作(可持续发展目标8)、可持续城市(可持续发展目标11)和应对气候变化(可持续发展目标13)都有贡献。可持续发展目标4(优质教育发展)和非物质文化遗产在教育促进可持续发展中的作用(具体目标4.7)也是一个优先事项，与该公约(第二条)相呼应。

《保护和促进文化表现形式多样性公约》(2005)是联合国教科文组织最新的准则性文件，旨在促进多样性，鼓励个人和大众的创造性，从而促进经济发展，保护和丰富世界文化多样性。该公约产生于使全球化人性化和捍卫市场经济中文化产品的特殊性的愿望。文化多样性与可持续发展之间的联系是该公约的基本原则之一。

2005年《保护和促进文化表现形式多样性公约》将其执行机制与《2030年议程》的原则和目标统一，特别强调了可持续发展目标4、5、8、10、16和17，这些目标已被纳入2005年公约四个主要目标的监测框架。

该公约在其关于文化可持续治理的第一个目标范围内，力求支持文化产业的就业和创业（具体目标8.3），提升创意领域就业所需技能（具体目标8.3和4.4），并促进创意和文化产业的问责式和参与式管理（具体目标16.6和16.7）。通过第二个目标，贸易和流动，该公约支持文化产品和服务更加平衡的流动（具体目标10.a），以及艺术家和文化专业人员的流动（具体目标10.7）。该公约的第三个目标是将文化纳入可持续发展框架，鼓励为文化产业提供官方发展援助（具体目标17.2），加强可持续发展政策的一致性（具体目标17.14），并参与实施可持续发展目标的能力建设（具体目标17.9）。该公约通过第四个目标鼓励性别平等和艺术自由，还有助于促进人权和基本自由（具体目标 16.10）。这一监测框架以每四年一次的定期报告系统为基础实施，该系统已进行了更新，以便收集与实现可持续发展目标有关的定量和定性数据。缔约方被邀请分享创新政策和措施，并在该公约的政策监测平台上传播。作为该公约的一部分而设立的文化多样性国际基金（IFCD）目前也在审查其成果框架，以便根据该公约的监测框架使其与具体的可持续发展目标和指标一致。1980 年的《关于艺术家地位的建议书》(2005 年《保护和促进文化表现形式多样性公约》重新推动了其实施)，通过呼吁成员通过与培训、社会保障、就业、收入和税收、流动和言论自由有关的政策和措施提高艺术家的专业、经济和社会地位，也为社会包容性（具体目标 10.2）和基本自由（具体目标 16.10）做出了贡献。

加强国家政策与地方社区之间的联系

随着文化政策的演变，文化公约还逐步纳入国家部门以外的其他类型的利益攸关方，这些利益攸关方仍然负责执行国际社会的准则性文件。因此，规范性工具在基本原则和实施程序方面的演变反映出一种更具包容性的文化管理方式正在逐渐形成，将不同的利益攸关方汇集在一起，如受益社区、文化专家和专业人员、技术和专业组织、联合国教科文组织研究中心和机构、私营部门合作伙伴等。

因此，2003年发布的《保护非物质文化遗产公约》将社区置于实践的核心。该公约规定：缔约国必须让负责创造、维护和传承文化遗产的社区参与识别和界定非物质文化遗产，并参与制订和实施保护计划或传播良好做法。为此，该公约鼓励缔约国建立咨询机构或协调机制，促进社区有效的、可持续的参与。被列入该公约名录还须征得相关社区对自由、优先权和知情权的同意。保护非物质文化遗产基金正在帮助落实这一原则，特别是针对社区编制清单和保护措施。

2005年的《保护和促进文化表现形式多样性公约》将民间社会与公共、国家和地方当局一起置于文化政策的核心。根据该公约支持可持续治理制度的主要目标，缔约方需采取必要措施确保促进民间社会积极参与文化政策的制定和执行，这种参与对更好地反映公民需求和愿望至关重要。这种对民间社会的认可是向前迈出的重要一步，与《2030年议程》的可持续发展目标相呼应，特别是可持续发展目标16和17。文化多样性国际基金通过支持民间社会参与制定和执行文化战略和政策，以促进这一目标的实现。

地方政府对实施公约也变得越来越重要，尽管这最终仍是国家的责任。根据 1972 年的《世界遗产公约》，地方政府已成为不可或缺的合作伙伴，特别是在实施世界遗产地管理计划方面。地方当局也已经掌握了2005年《保护和促进文化表现形式多样性公约》的目标，并将其纳入地方和区域战略。2019年，联合国教科文组织城市平台建立，纳入了联合国教科文组织的若干计划和城市网络，如创意城市和世界遗产城市。这反映了地方当局在执行本组织的任务，特别是执行文化公约和建议方面日益重要的地位。

愿景和展望

可持续发展中的文化：一种正在取得进展的方法

文化：社会变革的引擎

可持续发展的挑战规模、复杂性和紧迫性，特别是社会包容性、气候危机、技术革命、冲突和移民潮加剧，促使联合国教科文组织及其成员重新强调文化在公共政策中的领导和变革作用，从而强化只有联合国教科文组织才能在联合国系统内履行的职责。在社会和国际共同体显得特别破碎的情况下，基本权利有可能出现倒退，这就要求重申对文化多样性重要地位的承诺，它不仅是一项基本人权，也是人类和一个更加公正和可持续的世界的重要组成部分。

在全球化、城市化和移民的共同影响下，文化多样性和宗教多样性在世界任何地方都是社会的内在组成部分。在这一背景下，文化政策必须满足日益多样化的人口的愿望，使每个人都能自由地展示自己的文化，同时享受文化表现形式的多样性，以确保社会的多元化与和平。因此，文化多元化要求扩大文化活动的选择范围，并使文化产业的民主化超越传统的体制方法，从而使文化的所有方面和表现形式都能加强社会内部的交流，特别是促进代际对话，实施以社会凝聚力为目标的举措，以及让更多的利益相关者参与进来。与此同时，社会的日益分化使文化政策坚定不移地走向“具有多元、多样和动态文化特性的人民和群体之间的和谐互动，以及他们共同生活的意愿”，从而使《世界文化多样性宣言》（2001）的各项原则得以恢复。

一般来说，文化政策是社会面临的基本问题的共振板。因此，文化政策需要调和或结合不同的公共政策目标，包括：1）促进社会凝聚力和国家建设，同时确保尊重和承认文化多样性；2）促进在国家层面提升公民意识，同时确保全球公民意识的开放性；3）支持文化经济发展，同时保持文化作为共同利益的地位；4）支持文化的制度化，将其纳入公共政策的不同领域，发展基础设施和支持机制，并持续提供公共资金，同时确保民间社会和私营部门的广泛参与。

这些问题涉及整个公共政策的范围，通常由公共管理部门、民间社会、私营部门等不同行为体决定各自角色的维度。根据各区域的具体情况、体制和政治制度，以及各国的社会经济背景，它们会采取不同的应对措施。

过去二十年来，规范性行动在制度、法律和概念方面取得的成就为重申文化作为创新、社会变革和发展动力的作用奠定了坚实的基础。联合国教科文组织的各种准则性文件都将文化多样性这一基本原则置于核心，随后又将其植根于成员自身的监管框架和国家政策之中。

此外，联合国教科文组织在通过《2030年议程》之前的几年里，在成员的支持下开展的文化与发展宣传工作大大提高了文化在可持续发展问题的相关国际讨论中的地位。[①]至2013年，联合国大会通过了七

① Resolution references: A/RES/65/166 (20/12/2010), A/RES/66/208 (22/12/2011), A/RES/68/223 (20/12/2013), A/RES/69/230 (19/12/2014), A/RES/70/214 (22/12/2015), A/RES/72/229 (20/12/2017).

项关于文化与可持续发展的决议，[1]并组织了几次国际会议，将文化横向纳入了《2030年议程》。尽管文化本身并不构成一个专门的可持续发展目标，该议程在若干目标和具体目标中隐约提到了文化。为执行《2030年议程》而设立的国际、国家和地方机制是这一宣传工作的推动力，特别是在监测可持续发展目标实现情况，以及联合国成员提交的自愿国别评估中更系统和积极地考虑文化。

文化合作与外交：一项新兴的战略优先事项

文化仍然是国际合作的一个重要轴线，且影响力、文化外交、各国人民之间的对话等概念不仅是文化政策的优先事项，也是许多国家外交政策的优先事项。在双边和多边合作领域，虽然保护遗产和越来越支持创意产业往往是作为捐助国文化外交目标的一部分而进行干预的战略领域，但文化的资金权重在发展援助总额中仍然不大。因此，文化外交可以对旅游、文化产品、特定传统（如美食）、研究和创新、基础设施（如博物馆）、土地规划等众多领域产生影响。

在过去十年里，文化外交也已成为“软实力”的一个战略要素，在国家间的竞争中变得越来越突出。文化外交往往不属于文化部的职权范围，而是由国家系统的最高层推动或被纳入外交政策。文化外交本身正成为一种谈判工具，作为经济、社会、环境和技术进步的战略杠杆被纳入国家政策。这一演变反映了当今多极国际社会国际秩序的重建。因此，在非殖民化之后的几十年里，文化往往是年轻国家建设国家的一个核心要素，而文化现在是建立联盟、重新谈判和重组联盟的杠杆。

整合各利益攸关方：如何支持各国？

支持发展和修订文化政策与部长级对话

鉴于可持续发展挑战的复杂性及系统性和多面性，文化政策现在比以往任何时候都更重要，必须成为综合治理的一部分，涉及国家、地方当局、民间社会和私营部门，而国家仍然是基本权利和自由的保障者和主要监管机构。这种参与式做法在当今拥有多元文化的社会中至关重要，因为在文化体制范围之外，出现了多种声音和利益攸关方，并产生了新的需求。这种参与式做法也有助于应对国家公共财政日益受到的限制，特别是在文化领域。

然而，国家在文化政策中的作用仍然是必不可少的，可以确保对该部门的管理、支持和规划，从而使采取的行动具有更广的覆盖面、更高的知名度和临界质量。国家仍有责任制定和执行符合所有公民需要并尊重公民基本权利的文化政策。政策必须保证尊重文化多样性，这是共同利益和可持续发展的催化剂，特别是考虑到市场经济和数字时代引发的同质化和集中化趋势。最后，文化政策必须通过坚定的跨部门方针在所有公共政策中代表文化的声音。

在这方面，至关重要的是重申文化政策的全球方针，不应将其视为一个孤立的部门，而应将其视为公

---

① International Congress, ‘Culture: Key to Sustainable Development’ (Hangzhou, China, 15–17 May 2013).

共行动各个组成部分的一个重要方面，以便将文化充分纳入可持续发展中。同样，文化政策不应局限于特定的文化领域，必须涵盖所有，包括有形文化遗产和无形文化遗产、艺术创作和创意经济、博物馆和文化空间。最后，文化政策必须针对整个人口的多样性，这些人应能从这些政策中受益，能接触到这些政策，并以积极和反思的方式参与进去。

在这方面，文化部长论坛比以往任何时候都更加重要。这一论坛是联合国教科文组织提倡的跨政府方针的成果，是一个任务涵盖文化的主要多边论坛。面对当代世界的分裂和过去在基本权利方面取得的一些成果的相对倒退，多边主义比以往任何时候都更有必要协调这些多重干预措施，以服务共同利益和普遍利益。今天，可持续发展的挑战要求恢复部际文化对话。面对这些前所未有的挑战，我们需要一种新的交流、联结和分享的形式。

扩大和恢复公共行动：平台和新的利益攸关方的作用

为了建立更具包容性的文化政策，并反映当代的挑战，各国都出现了促进国家与文化政策新的利益攸关方（地方当局、民间社会和私营部门）之间合作的平台。面临的挑战有更好地界定各自的作用，巩固和确保合作的延续，促进良好做法的交流，以更好地了解社会的文化需求并应对全球挑战。在这方面，在公约实施的框架内实施的国家合作机制，特别是2005年的《保护和促进文化表现形式多样性公约》和1972年的《世界遗产公约》，为扩大国家执行的公共行动规模提供了坚实的基础和重要的介质。

我们必须增加国家与地方当局的合作，这种合作已经在各项公约的框架内广泛实施。在扩大和调整文化活动的范围以适应日益多样化的人口方面，以及在支持民间社会和行业协会的非国家框架方面，地方当局的作用是至关重要的，因为文化愿望在这些框架中得到了越来越多的表达。联合国教科文组织的城市平台有助于增强城市的创新潜力和增加各种专业技术网络，以制订应对可持续发展挑战的解决方案。

在国家采取的文化政策方面，民间社会也是重要的合作伙伴。民间社会的灵活性和创新能力是文化政策和社会活力的关键驱动力，可以确保更好地考虑用途和需求，特别是最弱势群体的用途和需求。在某些领域，特别是文化对和平建设和气候变化的贡献方面，民间社会方案已经走在了公共政策的前面，我们可以从民间社会的行动中得到更多启发。

同样，许多国家更加依赖私营部门，以便更好地利用私营部门的创新潜力和灵活性，特别是在新技术方面。以前分配给国家的一些任务，特别是文化发展任务，将受益于国家部门与私营利益攸关方更广泛的分享。然而，国家对私营部门的监管作用仍然至关重要，特别是在创意经济领域，数字平台集中的趋势正在破坏文化多样性。

刺激次区域和区域对话

与次区域和区域政府间组织合作，为筹备文化部长论坛而进行的区域研究，强调了次区域和区域机制支持国家文化政策并使其在更多领域与可持续发展的挑战保持一致，以及在加强文化领域的区域交流和市场方面的重要性。这项倡议利用了每个区域特有的文化和发展方法，促进了联合国教科文组织各项公约和方案在各国的落实，并有助于在国际组织与次区域和区域组织之间建立更加结构化和更强的合作，以共同努力协同解决共同问题。

在次区域和区域一级正在进行的讨论也使我们能够记录每个区域在对待文化或文化政策优先事项方面的具体趋势，并更全面地了解文化政策的现状及其对可持续发展的贡献。在这方面，联合国教科文组织最近推行的文化2030知识平台和区域对话机制，包括区域间组织和联合国教科文组织总部外办事处，应加强本组织干预措施的一致性和影响力。

记录和评估准则性行动的影响和文化对可持续发展的贡献

衡量文化对国家发展政策中可持续发展的影响：数据挑战

在世界各地，收集和分析文化领域的数据是一个核心问题，也是执行文化政策和将其纳入更广的可持续发展范围的一个障碍，尽管这一点因国家不同而程度不同。文化的跨领域性是第一个难点。虽然文化涉及国家层面的不同部门，但收集和分析数据的标准往往被局限于文化领域内。文化的多面性、正式活动和非正式活动并存，以及定义和概念的多样性，都是额外的困难。因此，现有方法往往不足以理解文化的特殊性，及其对其他公共政策领域和可持续发展目标的直接和间接贡献的范围。此外，由于有关文化方面的数据由不同的机构和部门编制，所以往往不充分、难以获取或支离破碎。

因此，降低定量和定性数据的获取难度并引入指标是文化政策的一个重要目标，各成员自己也经常强调这一点，以便制定、加强和修订文化政策。在全球范围内，我们面临的挑战是领导有利于文化的宣传工作，引导公共资金投向文化产业，并更好地宣传公共政策。在一些国家，这是通过加强公共行动的标准制定或管理办法来实现的，采取监测和（或）评价措施并制定指标。在其他国家，对数据的需要满足了影响有利于文化（特别是发展援助）的预算决定的需求。

在这方面，考虑到国家之间统计能力的巨大差异，关于数据和指标的讨论必须在坚定务实的框架内进行。文化指标的国际可比性是一个重要方面，以便衡量文化在国家层面所有公共政策中的影响，并有助于文化的国际宣传和记录全球和区域趋势。尽管如此，国际可比性并不是唯一的标准，因为挑战还在于支持国家政策，并使它们能够衡量文化政策本身的效力和影响，以及从它们对可持续发展的贡献的角度来看所取得的进展。在这方面，目前正在制定的《2030年议程》文化专题指标提供了一个概念和分析框架，以支持成员衡量文化对可持续发展目标的贡献。

加强联合国教科文组织各项文化公约的实施，更好地宣传文化政策

为了支持成员的文化政策并促进更广泛的文化宣传，记录和衡量联合国教科文组织对文化领域准则性行动和方案仍然至关重要。在大多数公约和计划不同程度地制定了分析、促进和衡量其对《2030年议程》贡献的概念工具和机制的背景下，今天的挑战是将这些举措扩大为共同努力，系统地记录实施每项文化公约产

生的信息、数据和良好做法，以加强后者对国家层面可持续发展的全球影响。

首先，记录和衡量工具必须确保监测公约和文化方案本身的实施情况。因此，一些公约建立的定期报告机制和成果框架，让从质量或数量上评估实施公约和支持成员的条件变得可能。它们提供了概念基础和绩效指标。更广泛地说，应加强有关其他公约的良好做法的记录工作，特别是2005年的《保护和促进文化表现形式多样性公约》已经开展的工作，以便按照成员已发展的良好做法的规模系统收集和记录良好做法。

这些工具还应该能够记录和衡量制定准则性行动对成员立法框架的影响。尽管对评估各公约对公共政策的有效影响至关重要，但这方面的工作仍未充分展开。文化公约对立法框架的影响在很大程度上是间接的，而且是没有记录的。恢复和扩大最初为1970年的《关于采取措施禁止并防止文化财产非法进出口和所有权非法转让公约》建立的国家文化遗产立法数据库，可以提供宝贵的见解。各公约的定期报告机制也可以更广泛、更系统地用于提取信息、进行分析和记录立法影响，以便为这样一个数据库提供资料。

重新投入对文化的对话

鉴于可持续发展挑战的范围和复杂性，联合国教科文组织必须再次领导关于文化在当代世界的作用的讨论。在技术变革的速度和新挑战的出现提出深刻问题之际，需要进行既具有历史性又具有前瞻性的反思。尽管20世纪80年化和20世纪90年代形成的概念为联合国教科文组织制定准则性行动提供了概念基础，特别是在20世纪初，但我们必须根据当代的问题重新审视这些概念。

联合国教科文组织在其任务范围内，就影响当代国家公共政策的重大当代挑战开展国际讨论有至关重要的责任。围绕文化财产的交换和归还，文化犯罪的刑事定罪，艺术家的地位和自由，数字技术对文化和与文化有关的新职业的影响，文化、创意和创新之间的联系，文化与教育之间的关系等问题进行对话，与文化相关的人工智能伦理在未来几十年很可能就会出现。除其他问题外，这些问题直接关系到联合国教科文组织的任务和制定标准的工具。因此，联合国教科文组织必须对这些挑战给出定位，并为此积极投资知识领域，以指导今后的行动。

同样，根据成员表达的支持需求，我们必须再次讨论贯穿各公约文化政策的中心主题，特别是文化和艺术教育，以及增加文化接触和文化参与。一些公约在各自领域采取的举措，可能有助于这场贯穿各领域的讨论，例如2003年和2005年的教育公约。关于手工艺和文化艺术教育的专题方案也将从分析中受益。

在当前背景下，许多问题涉及文化政策和联合国教科文组织。我们应该如何衡量联合国教科文组织的各类文化名录对可持续发展的影响？如世界遗产地、《人类非物质文化遗产代表性名录》中的内容、联合国教科文组织创意城市、需要加强保护的遗址等。我们如何制定以文化遗产为基础的文化政策，使之成为国家及地方层级对话和提高社会凝聚力的工具？我们如何才能鼓励实施可持续旅游战略，使有关社区受益，并促进包容性和可持续发展？我们如何在幼儿教育计划中加强对文化和共存的学习？我们如何在正规和非正规创意经济中，以支持知识传播的方式更好地组织和加强文化行业的职业培训方案？我们如何支持文化领域的发展和创新研究？私营部门如何为保护文化多样性做出贡献？（无论是在遗产及其表现形式方面，还是在鼓励社会包容性的行动方面。）我们如何才能系统化和强化机制，鼓励民间社会的所有利益攸关方参与文化生活？我们如何鼓励文化政策与其他公共政策领域之间的协同作用？这些都是为了扩大联合国教科文组织的行动范围需要进一步研究的问题，其行动范围不仅在制定标准方面，还拓展至更广泛的全球文化领域。

全球主要区域简况：
趋势、挑战和机遇

研究方法 METHODOLOGY

以下部分简要介绍了世界八大区域和次区域公共政策中的文化。其目的是确定每个研究区域国家的总体趋势、挑战和机遇，以期寻求新的战略方向。各章同时也关注文化政策及其与可持续发展的交叉贡献之间的联系。

研究区域的国家分组反映了开展研究的区域政府间组织的成员情况，这些研究是由联合国教科文组织在2019年委托进行的。这些研究得到了联合国教科文组织和联合国出版的资料和研究报告的补充，以确保采取符合联合国教科文组织成员需求的全球方法。

每一章都介绍了该区域或次区域的主要地理、历史和社会经济特征，以展示这种背景如何指导了文化政策的演变。各章还从文化角度概述了有关国家的治理框架及该区域各国之间的动态。各章强调了涉及区域文化政策的具体特点和优势，揭示了各种方法如何为国际讨论提供信息。至关重要的是，每一章都探讨了文化与更广泛的公共政策问题之间的联系，以便根据可持续发展目标确定本区域或次区域可从加强这种联系中受益的领域。

这些简况广泛借鉴了次区域和区域政府间组织开展的研究，这些研究提供了其职权范围内各国对文化政策和可持续发展各方面的翔实思考和见解。以下各章还得益于学术和机构文件的分析和数据，以及成员向联合国提交的自愿国别评估，这些报告监测了实现《2030年议程》可持续发展目标的进展情况。

希望这些简况将促进区域、次区域内以及国际层面的长期对话和政策思考。

亮点 HIGHLIGHTS

- 该研究区域在保护丰富文化遗产方面有着悠久的传统，包括完善的博物馆体系和其他文化机构，且文化政策已逐渐扩大到包括文化和创意产业。

- 虽然国家层面普遍有强有力的文化政策，但面对多边体系的挑战，人们越来越认识到培养次区域和区域文化认同的重要性。

- 数字技术在文化政策中越来越重要，包括保护艺术家权利、增加文化获取渠道、拓宽信息来源等，以鼓励可持续的文化旅游。

- 在社会日益多样化的背景下，通过文化政策加强社会包容性、促进对人权和基本自由的尊重是一个优先事项，最近出现了加强数据收集以解决这一问题的创新方法。

- 虽然总体而言，研究区域内的国家，特别是通过越来越多的自愿国别评估，已将公共政策与《2030 年议程》协调一致，但将文化纳入跨领域公共政策还有进步的空间，特别是在城市更新方面。

1 欧洲和北美

阿尔巴尼亚·安道尔·奥地利·比利时·波斯尼亚和黑塞哥维那·保加利亚·加拿大·克罗地亚·塞浦路斯·捷克·丹麦·爱沙尼亚·法罗群岛·芬兰·法国·德国·希腊·匈牙利·冰岛·爱尔兰·意大利·拉脱维亚·立陶宛·卢森堡·马耳他·摩纳哥·黑山·荷兰·北马其顿·挪威·波兰·葡萄牙·罗马尼亚·圣马力诺·塞尔维亚·斯洛伐克·斯洛文尼亚·西班牙·瑞典·瑞士·土耳其·英国

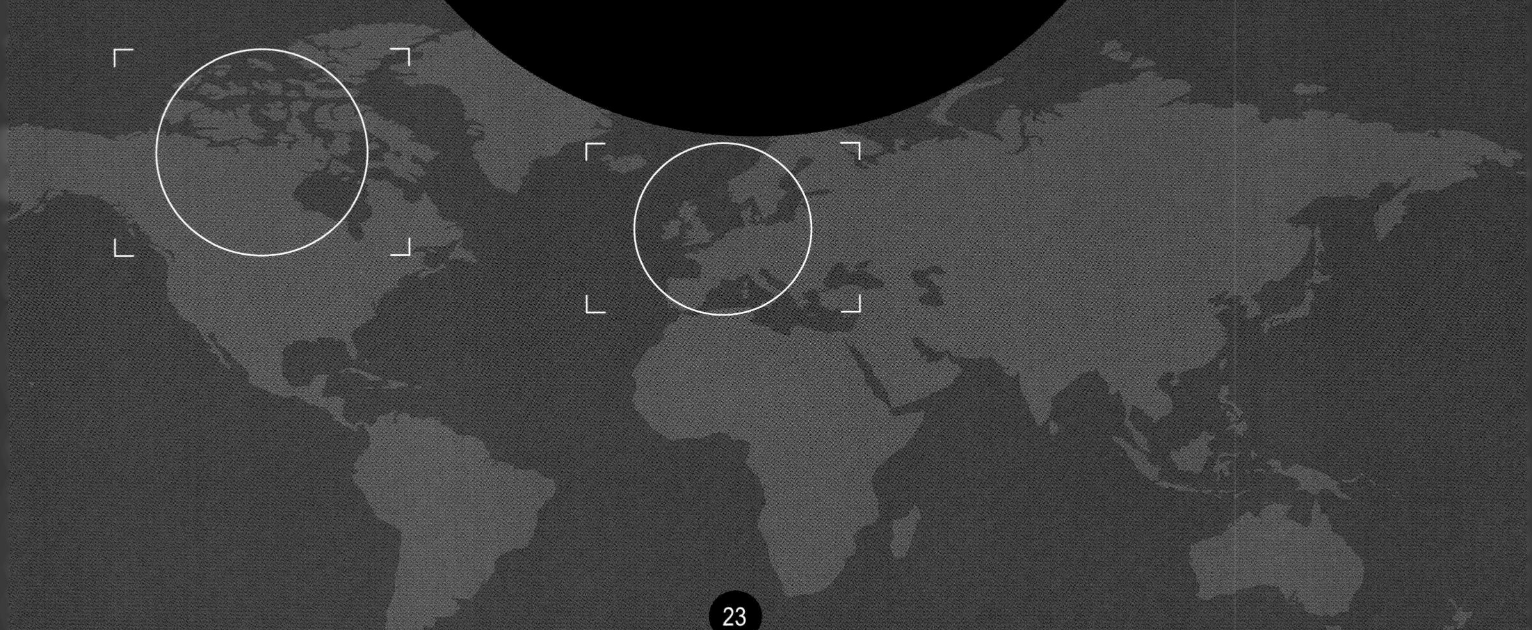

文化在历史上就扎根于公共政策

该研究区域是一个扩展区域，涵盖42个国家。欧洲受古代文明和后来人口的影响直至现代，留下了丰富的城市文化遗产，包括171处世界文化遗产。如今，该地区约四分之三的人口是城市人口。在北美，许多原住民社区在18世纪欧洲人定居点扩散之前就生活在该地区，欧洲人定居点在很大程度上抹去了以前存在的原住民定居点，但该地区的原住民社区仍然是非物质文化遗产的重要来源。在整个欧洲和北美，城市化主要受19世纪工业革命推动，并在第二次世界大战后通过重建进程和农村人口向城市迁移而得到加强。如今，该地区城市化程度很高，大、中、小城市兼有。长期以来，人口迁徙和混居是欧洲的一种社会现象，而北美则深受移民浪潮的影响，所有这些便形成了该地区的文化特性。尽管欧洲和北美在人类发展方面总体排名较高，但该区域在过去几十年中面临日益加剧的社会和经济不平等，以及高失业率和人口整体老龄化。

欧洲是最早采取文化政策的地区之一，艺术和文化历来被认为是巩固政治或经济权力，或使其合法化的工具，特别是将保护遗产作为国家建设的重要组成部分。大型博物馆出现于18世纪晚期，反映了过去知识应该向公众开放的观念。艺术和遗产的逐步分类对国际标准和政策讨论产生了重大影响。相比之下，北美公共政策对文化产业的驱动不那么明显，更多的是私营和非营利部门在参与。

不同地区对文化政策的处理方式差异很大，特别是关于文化的定义和概念、文化治理体系及重点领域。例如，荷兰的文化政策包括文化遗产、媒体和艺术领域。在保加利亚，文化政策涉及所有“与文化价值的创造、研究、传播和保护有关的活动，以及这种活动的结果”。而在比利时，文化的法律定义涵盖10个不同的领域，包括青年、体育、休闲和旅游等。在加拿大，庆祝文化多样性和文化多元是其文化政策的一个基本特征。尽管采取的方法千差万别，但在国家政策及其实施中都反映出对联合国教科文组织文化公约的高度认可。

在过去几十年中，整个区域的文化政策在范围、优先事项和执行方式上都有了重大发展。虽然国家主导的政策干预和资金供给在该地区仍然至关重要，但地方当局也已成为设计和实施文化政策的关键利益攸关方。即使在历来被视为国家层面关注的遗产领域，城市在文化遗产的清查、保护和管理方面也发挥了更大的作用。同样，民间社会的作用在整个地区越来越受到认可，有时还被纳入文化政策的总体原则中，特别是在北欧国家。在欧洲，用于文化的公共资金仍然很多，而且很大一部分文化产业仍然依赖于公共补贴。有些国家的制度比较集中，由国家主导，如法国和意大利。有些国家的制度比较分散，如英国和荷兰（艺术委员会作为独立的艺术基金运作）。在德国、比利时等国的制度中，文化责任被下放到地区。总的来说，由于文化的特殊性及其在社会中的核心作用，整个区域的文化政策仍然遵循着一种信念，即不能把文化完全交给市场。

区域动态：对文化日益增长的兴趣

尽管欧洲的文化政策仍然是国家的特权，但欧洲机构在促进合作、知识共享以及在某种程度上对文化产业的监管方面发挥着日益重要的作用。欧盟覆盖该区域28个国家[①]，虽然区域经济发展是其最初的重点，但尊重文化多样性是其核心原则之一。在欧洲多边主义受到各种社会和经济危机挑战的情况下，建立欧洲共同价值观的必要性也变得同样重要。2007年《欧洲文化议程》的通过是一个转折点，也反映了欧盟遵守联合国教科文组织《保护和促进文化表现形式多样性公约》（2005）的总体政策影响。一年后，欧盟委员会对文化产业采用了开放型协调办法。这是一种政府间协调办法，欧洲政策是对其成员国家政策的补充。欧盟的许多文化政策是通过作为行政部门的欧盟委员会制定的。

> 欧盟应促进成员文化的繁荣，同时尊重成员的民族和区域多样性，并突出共同文化遗产。
>
> ——《欧盟运作条约》第167条

除欧盟外，覆盖47个国家的欧洲理事会对整个区域的文化议程有着长期影响。1954年，欧洲理事会通过了第一个《欧洲文化公约》，旨在增进欧洲人民之间的相互了解。自那以后，该理事会一直积极参与文化工作。欧洲理事会是评估和分析国家文化政策的平台，尤其是通过文化政策纲要，以探索和分析文化政策与包括人权和言论自由在内的其他政策领域之间的跨部门联系。作为对其他政策领域的有力贡献者，理事会还促进形成全面的文化观。例如，2017年《21世纪欧洲遗产战略》明确优先考虑文化在促进社会参与、土地和经济发展及教育方面的作用。

由12个国家组成的东南欧文化部长理事会（CoMoCoSEE）是于2005年建立的次区域文化政策

① 此为截至2019年10月15日的正确数据。这一数字并不预示欧盟成员资格的任何演变。

平台，为促进文化发展，促进跨文化对话和共享记忆提供了空间。东南欧文化部长理事会正在加强西巴尔干次区域的文化合作，特别是通过2014年在北马其顿奥赫里德通过的“增强文化促进可持续发展”战略，开展了一些由欧盟资助的联合国教科文组织项目。事实证明，在一个经历过身份冲突的次区域，文化是增强社会凝聚力的重要工具。尽管最近的社会经济困难要求进一步努力加强文化合作，但事实证明，它也有助于促进文化专业人员之间的合作和流动。

遗产、创意和文化参与：文化政策的三大支柱

欧洲的文化政策大致涵盖三个主要领域，即遗产保护、艺术和创意、文化获取。首先，遗产仍然是欧洲文化政策的核心支柱。过去几十年来，处理遗产问题的方法已从注重古迹，逐渐演变为一种全面的地域性方法。联合国教科文组织《关于城市历史景观的建议书》（2011）反映了这一模式的转变，受到该地区专家的广泛欢迎，并已转化为国家遗产政策。过去十年来，联合国教科文组织世界遗产的收录也反映出更多的当代遗产类别，特别是现代遗产或工业遗产也受到了越来越多的关注。包括非物质文化遗产在内的遗产数字化也是一个重点，这不仅是为了保护，也是为了教育。在国家和区域两个层面的其他政策领域，包括教育、研究、社会政策和国际关系，也可以更广泛地看到文化内容。

其次，创意经济也是欧洲和北美遥遥优先的领域。在欧盟，创意产业每年创造约5560亿美元的收入，占欧盟GDP的5.3%，提供1200万个工作岗位，成为欧盟第三大雇佣产业（European Commission，2018）。在加拿大，创意产业的产值为531亿美元，提供了666500个工作岗位（《加拿大自愿国别评估》，2018年）。在欧洲和北美，时尚、设计、音乐和电影产业都具有相当的规模。欧洲对创意产业的态度长期以来都以巩固民族文化认同为出发点。而加拿大则更注重展示多样性，将其作为一项重要资产，特别是作为2018年创意出口战略的一部分。新技术和数字平台正在改变人们创造、获取和体验文化的方式，提供了推广创意产品的新途径，并有可能使文化更加包容，人人可享。包括大数据和加速发展的人工智能在内的数字技术相关的新挑战越来越多地反映在公共政策中。加拿大魁北克省有一个最先进的政策框架，即经过广泛协商后通过的《数字文化计划》。欧洲议会也在2019年3月迈出了重要一步，通过了《数字化单一市场版权指令》，成

《数字化单一市场版权指令》是首个关于在数字环境下版权监管的区域性政策，旨在确保艺术家获得公平的报酬。

为第一个在数字环境下调整版权法规的地区，以确保艺术家获得公平的报酬。

> 在过去的12个月中，丹麦或瑞典85%的人观看了电影、参与了现场表演或参观了文化遗址。这一数字在罗马尼亚是27%，在克罗地亚是37%。
>
> ——欧盟统计局：《按文化活动分类的文化参与情况》（2015）

最后，确保平等获取文化和参与文化生活是整个欧洲文化政策的另一个核心组成部分。虽然在20世纪70年代和20世纪80年代，文化政策往往侧重于文化的民主化，但现在越来越重视文化参与，将其作为促进社会包容的杠杆，以及充满活力的民主社会的核心组成部分，有利于形成宽容和信任的价值观。然而，最近的趋势表明，在整个欧洲，无论是在国家内部还是不同国家享有文化的机会仍然不平等。因此，确保文化参与仍然是国家和区域文化政策的首要事项。

为了支持这种横向的文化发展方法，过去十年来，欧盟在改进数据收集方面，特别是在欧盟统计局收集的数据基础上做出了重大努力。例如，1998年，欧洲理事会文化指导委员会根据《欧洲文化公约》制定了《文化政策和趋势简编》。它提供了国家文化政策及其对其他产业政策的贡献的在线信息和监测系统。欧洲理事会的文化与民主指标框架描绘了欧洲在获得和参与文化方面的趋势，并展示了文化与民主之间的联系。在城市层面，欧盟支持开发了文化和创意城市监测系统，以监测和评估城市在文化参与、创意和知识型工作、文化设施、开放性、宽容和信任等方面的表现。研究区域内的一些国家，特别是波斯尼亚和黑塞哥维那及黑山，也采用了联合国教科文组织文化促进发展指标（CDIS），这有助于增强国家统计机构收集文化相关数据的能力。

利用文化多样性培养区域文化认同

在欧洲，文化政策在传统上是与民族文化认同相联系的，这意味着利用文化政策在共同的文化价值基础上发展更强的欧洲特性长期以来一直是一个挑战。事实证明，欧洲文化之都等欧洲文化项目成功地促进了关于欧洲身份认同和文化价值的区域叙述。同时，欧盟逐步加大政策力度。2018欧洲文化遗产年是一个加强对欧洲共同空间归属感的契机，提高了人们对建筑、自然遗产和非物质遗产以及文化资源数字化对保护遗产的重要性的认识。当年还通过了新的《欧洲文化议程》，重点也是文化遗产，如可持续发展、社会凝聚力、平等和福祉，以及支持艺术家和文化专业人员，以激励创造新的欧洲文化内容和国际文化关系。其他举措包括“创意欧洲”、“欧洲遗产标签”、“欧洲遗产日”和“欧洲发展日”。

> 艺术和文化是构建社会的表现形式，文化政策必须基于言论自由和包容性。文化部门和民间社会是公众受教育和开拓视野的先决条件，因此也是对民主的投资。文化必须是自由的，以个人参与和自愿为基础……
>
> 在一个公共领域日益分散的世界里，艺术和文化可通过教育、塑造和加强我们周围的社区和社会结构。移民是新动力和文化交流的源泉。变化会带来新的思维、创新和创意。大胆而有针对性的文化政策将成为促进社会积极发展的有效工具。
>
> ——《挪威文化政策》（2018）

总的来说，尽管欧洲理事会通过了2000年《世界文化多样性宣言》，但文化多元化和跨文化对话并不是整个欧洲文化政策的核心内容。东南欧文化部长理事会是个例外，因为该区域已将跨文化对话作为优先事项。在欧盟层面基本上还没有关于文化多元主义的政策，在国家层面也存在争议。近年来，欧洲社会的情况日益多样化，部分原因是大量移民涌入，特别是来自非洲和中东的移民，其中许多人是为了逃离冲突。在这种情况下，欧洲的文化政策有时难以适应欧洲一体化和利用多样性这两个优先事项。在一些国家，文化政策对多元文化主义的相对矛盾心理，或相互竞争的身份驱动的政策目标，对社会凝聚力提出了挑战。在许多情况下，城市层面的政策在执行更具创新性的融合文化多样性和多元化的政策时表现得更加灵活，包括通过联合国教科文组织创意城市网络的103个欧洲城市。

相比之下，在加拿大，多元文化和保护原住民文化是核心政策领域。《加拿大多元文化法》（1988）奠定了基础，倡导制定政策、方案和提供服务，以解决和应对不断变化的多样性。保护原住民文化也是加拿大文化政策的一个重要特点，与真相与和解委员会（2008 ~ 2015）的建议相一致，该委员会调查了过去针对原住民的不公正行为。因此，2019年提出了一项关于尊重原住民语言的议会法案以期振兴原住民语言。多样性和多元化也被认为是加拿大社会的基本特征。加拿大2019年的预算中有4500万加元用于制定和实施新的反种族主义战略，聚焦于基于社区的项目。在国际上，加拿大也是多元化和多样性的大力倡导者。

整个区域都有一种强烈的趋势：利用教育来提高创造力、加强跨文化对话和为青年赋能。例如，在过去三年中，塞浦路斯和拉脱维亚报告称推广了对艺术、音乐和文化创意的教育。法国、罗马尼亚、瑞士等国家分别利用文化来改善语言习得、打击种族主义和促进跨文化对话。在土耳其，文化是旨在让青年参与社会生活的方案的核心要素。同样，博物馆的社会作用和教育作用越来越受到关注，特别是越来越重视无障碍性和观众发展。艺术教育也日益成为文化和教育政策的焦点，人们相信文化意识和创造技能是核心能力，特别是在不断变化的就业市场中。欧盟委员会和经济合作与发展组织正在进行的关于“教育中创造性和批判性思维技能的教学、评估和学习”的研究反映了这一点。

文化和《2030年议程》

欧盟已将政策与《2030年议程》紧密结合起来，而文化为支持这一做法提供了若干机会。过去几十年来，社会经济不平等一直在加剧，自2008年全球金融危机爆发以来，社会经济不平等的情况更加恶化。因此，根据可持续发展目标10（减少不平等），促进文化对社会包容和福祉的贡献是整个地区的主要优先事项。文化机构正在做出更有力的承诺，利用新技术的潜力改善社会无障碍环境。例如，最初于2017年在文化公园拉维莱特（法国巴黎）开发的可移动低成本数字博物馆的“微文件夹”模式，已经迅速扩展到其他几个国家。社会创新也在城市层面率先进行，城市贫困地区往往在民间社会的支持下发展了集文化、教育和社会服务于一体的新型多学科文化机构。奥地利维也纳的“未来与社会创新之家”就是其中的一个例子。文化的这种社会潜力反映在欧盟新的欧洲文化议程中，也反映在资助趋势中（特别是关于“文化的社会价值和文化政策的影响”的地平线2020计划）。

虽然文化旅游部门是欧盟国家的主要经济子部门，但近年来，它给联合国教科文组织世界遗产地带来了压力。政策目标包括扩大旅游产品生产，以缓解主要旅游目的地的压力，确保为当地经济带来更多的直接效益，同时也提倡有意义的旅游体验建立文化意识。对该地区可持续旅游业的承诺主要体现在文化线路的推广上。由欧盟资助或发起的其他一些倡议也致力于促进可持续旅游业，如欧洲卓越目的地或欧洲智慧旅游之都。作为“文化工作计划”的一部分，一个成员国工作组制定了政策建议，包括修订文化旅游的定义。欧洲旅游指标系统还支持旅游目的地监测可持续管理做法。东南欧的一些国家也在以这种方式发展旅游产业。

> 欧洲文化线路旨在提高对欧洲文化遗产的认识，同时鼓励游客发现更偏远或“隐秘”遗址、当地知识、技能和遗产。为了展示这一理念，联合国教科文组织在欧盟的支持下，于2018年创建了“欧洲世界遗产之旅”这个旅游平台。该网站提供了关于19个国家的38个世界遗产地的丰富内容，这些内容提倡在主要目的地之外负责任的旅行和更有意义的旅游体验。

根据可持续发展目标11（可持续城市和社区），支持城市更新和生态转型是文化能够在整个区域做出更大贡献的另一个领域。在过去的几十年里，该地区的许多城市经历了以文化为主导的复兴过程，重点是恢复建成文化遗产，对废弃的工业结构进行适应性再利用以开展创造性活动或发展“文化生成器”，如博物馆或文化基础设施。特别注重改善公共空间的质量，提升传统地区的住房或城市服务的质量，或利用创意产业推动后工业转型。这些战略直接推进了可持续发展议程，特别是鼓励现有建筑存量的再利用，目前在整个区域的生态转型工作中占很大比例。

国际动态：文化合作

欧洲和北美通过国际合作政策影响着世界各地的文化政策，特别是通过官方发展援助（ODA）（OECD，2019）。欧盟本身成为官方发展援助的全球第一个伙伴。虽然文化产业在对外合作组合方案中的地位仍然不高，但重要性正在增强。2019年通过了《沟通迈向欧盟国际文化关系战略》，鼓励欧盟与伙伴国家之间的文化合作。例如，非洲、加勒比和太平洋文化计划支持这些地区的国家创造和生产高质量内容，进入市场和发行。自2011年以来，欧盟一直支持联合国教科文组织《保护和促进文化表现形式多样性公约》（2005）的专家机制，该机制为加强发展中国家的文化治理提供专业知识，这是欧盟文化相关政策的核心优先事项。更专业的方案，如促进西非棉花价值链相关技能的道德时尚倡议，或支持南半球视听媒体产业的世界媒体计划（MEDIA Mondus），也促进了受益国的文化发展。最近，欧盟还通过联合国教科文组织实施的一些重大联合项目为打击非法贩运、保护发生冲突时和冲突后局势中的遗产提供了重要支持。官方发展援助政策也越来越多地与文化外交相结合，文化外交在整个欧洲日益成为一个主要领域。一些国家最近就归还文化财产展开的讨论也可能促进国际文化合作，同时为就此问题进行新的对话创造条件。

在国家层面，双边合作政策也大大有利于全球官方发展援助，各国各自的合作领域往往反映了这些国家之间的历史联系。虽然发展援助往往关注教育、水源和健康等领域，但文化产业是一些国家合作的重要领域，特别是挪威和瑞典。德国（歌德学院）、法国（法国文化中心）、英国（英国文化委员会）、西班牙（塞万提斯学院）等国家支持的文化中心网络为能力建设、获取文化和跨文化对话做出了贡献。在城市发展等其他更传统的合作领域中，特别是旨在修复建筑遗产或发展创意产业的项目中，人们越来越重视文化。

展望未来 LOOKING AHEAD

欧洲和北美地区的文化政策历史悠久，而且非常遵守国际规范，各国根据自身需要调整了文化政策的定义。特别是欧盟，一直处于当代文化政策讨论的前沿，如数字空间的版权保护。通过欧盟、欧洲理事会和东南欧文化部长理事会，人们对文化合作越来越感兴趣，这方面的创新举措正在产生成果，如合作保护世界遗产地免受大众旅游的不利影响，以及努力建设和平多元的文化。在强有力的遗产和创意政策的基础上，该研究区域的国家可以进一步利用文化作为应对新出现挑战的工具，如社会包容，特别是在人口日益多样化的城市空间。培养更广泛的欧洲区域特征也将有助于实现这一目标（最近的政策举措是积极的），且更广泛的欧洲区域特征可以通过增加艺术教育来进一步扩大。

亮点 HIGHLIGHTS

○ 该次区域非常重视跨文化对话，因为在历史上处于不同文化交融的丝绸之路的中心。

○ 该次区域的文化政策高度重视遗产，以培养强大的国家文化认同，该次区域拥有强大的传播系统，包括数字平台。

○ 该次区域在文化领域的合作正在发展，遗产和青年项目是重要的合作领域。

○ 学校课程中纳入了强有力的艺术教育政策，主要侧重于技能发展和传统传承，而不是创意和创新。

○ 虽然所有国家都通过了实现《2030 年议程》目标的国家计划，但文化仍然是一个专门的政策领域，在鼓励旅游业和制定更具包容性的城市政策方面具有潜力。

2 中亚、东欧和高加索

亚美尼亚 · 阿塞拜疆 · 白俄罗斯 · 格鲁吉亚 · 哈萨克斯坦 · 吉尔吉斯斯坦 · 摩尔多瓦 · 俄罗斯 · 塔吉克斯坦 · 土库曼斯坦 · 乌克兰 · 乌兹别克斯坦

受多重影响形成的区域

该研究地区（中亚、南高加索和东欧的12个国家）覆盖了极其广泛和多样化的地理区域，来自欧洲、中东和亚洲的影响与中亚传统融合在一起，这使得地区内的文化和种族非常多样化。整体上，东欧国家的城市化水平最高。尽管中亚国家拥有广大的农村地区，但相对占多数的人口生活在城市，农村地区的人口密度极低。总体而言，该区域正经历着快速的城市化和工业化，对城市文化遗产保护造成了压力。该区域城市的特点是社会混合，鼓励社会多样化。

该区域曾作为苏联一部分的共同历史继续反映在体制模式、财政和行政体系中。这些政策框架构成了区域内不断变化的政策的共同基础。20世纪90年代初，文化成为新独立国家建立民族文化认同、融入国际社会的重要工具。这可以从该地区日益重视保护有纪念意义和可移动的遗产，以及复兴非物质文化遗产，如发展文化节日中看出。近年来，创意经济和文化旅游日益受到关注。

由于曾经作为苏联的一部分，该区域的共同历史通过独立国家联合体（CIS）得以延续，独联体是该研究地区最大的区域性机构。虽然独联体尚未制定专门的文化政策或战略，但正在讨论制定一个联合文化法律框架，这将进一步推动区域合作并加强文化产业的作用。近年来，文化在该区域层面的作用越来越重要。2006年，一个负责文化事务的附属机构成立了，即独联体教育、科学及文化合作政府间基金会，目的是进一步发展教育、科学、文化、通信、信息、档案、体育、旅游和青年领域的合作。成员国包括亚美尼亚、阿塞拜疆、白俄罗斯、哈萨克斯坦、吉尔吉斯斯坦、俄罗斯、塔吉克斯坦和乌兹别克斯坦。2011年，社会政策和人权委员会制定了关于执行联合国教科文组织《关于发生武装冲突时保护文化财产的公约》（1954）及其议定书的区域建议，这是一项重要的区域级文化和遗产政策。

独联体宣布2018年为文化年，体现出对文化的兴趣越来越大。这一年独联体举办了约90项国际活动和国家活动，包括保护和利用历史和文化遗产古迹和博物馆的活动，以及戏剧、音乐和电影活动。其中许多倡议使整个地区的人围绕着具体的文化主题和活动聚集在一起。例如，俄罗斯主办了独联体国家青年文化论坛；阿塞拜疆主办了卡拉·卡拉耶夫国际当代音乐节；塔吉克斯坦通过“志愿保护独联体文化遗产”青年论坛为年轻人提供了交流遗产保护工作经验的机会。

加强国家文化认同的文化政策

中亚、南高加索和东欧的文化政策往往侧重于两个优先事项：1）注重文化对建立国家文化认同的政策；2）促进国际和区域合作的文化政策。本区域各国的文化产业往往由非常一致和全面的立法机构管理，从包括保障文化自由和国家支持文化的主要条款的宪法，到管理国家政策优先事项或文化产业特定领域的法律和法令。

国际文化公约也是该区域许多国家政策的基础，《关于发生武装冲突时保护文化财产的公约》（1954）和《世界遗产公约》（1972）得到了广泛支持。此外，12个国家中有11个加入了《关于采取措施禁止并防止文化财产非法进出口和所有权非法转让公约》（1970）和《保护非物质文化遗产公约》（2003）。

2014年丝绸之路名录

长安—天山廊道的路网是一条5,000公里长的丝绸之路网，从汉唐时期中国的中心首都长安/洛阳延伸到中亚的哲泰苏地区，形成于公元前2世纪至公元1世纪之间，一直使用到16世纪初，连接了多个文明，促进了贸易、宗教信仰、科学知识、技术创新、文化实践和艺术领域的广泛交流。该遗产由哈萨克斯坦、吉尔吉斯斯坦和中国联合申报。

——联合国教科文组织世界遗产网站

这种对国际文化公约的兴趣也反映在该区域努力将遗产列入联合国教科文组织维护的各种名单和登记册中。中亚、东欧和南高加索共有66处遗产被列入《世界遗产名录》，其中大部分是文化遗产遗址（43处）。有3处遗址是跨国世界遗产，连接着该地区内外的不同国家，分别是斯特鲁维地理探测弧线、丝绸之路：长安—天山廊道的路网和西天山。这些跨国遗产是联合国教科文组织《世界遗产名录》最近增加的内容，不仅反映了该区域内的文化联系，而且表明人们对合作保护遗产越来越感兴趣。例如，南高加索国家、吉尔吉斯斯坦和白俄罗斯已将文化领域的国际合作作为其文化政策的主要支柱之一。

国际文件在国家层面的影响表现在强调保护文化价值，这往往与通过青年社会文化项目促进文化多样性相结合。这些国家政策大多继续关注物质和非物质文化遗产。它们往往侧重于地方传统和民间艺术（阿塞拜疆、哈萨克斯坦和吉尔吉斯斯坦），或强调遗产和传统文化表现形式，包括语言对民族文化认同的作用（阿塞拜疆、亚美尼亚、哈萨克斯坦、塔吉克斯坦、俄罗斯和乌克兰）。

哈萨克斯坦的“精神复兴国家项目”特别注重民族文化认同，涵盖从艺术教育到语言等文化的多个方面，但也旨在融合更多当代的身份认同表达方式。普及传统遗产知识，提高公众认识，并将其与博物馆和文化中心的发展联系起来，可视为这些战略的一部分，促进该地区的民族文化认同。例如，俄罗斯的文化政策包括通过发展文化中心增加农村地区接触文化的机会。

由于文化和遗产在传统上被认为是国家的特权，文化产业仍然主要依靠公共资金。乌兹别克斯坦和吉尔吉斯斯坦文化产业的大部分资金来自国家预算。地区和地方预算的作用仍然相对有限，只占所有费用的四分之一。在该地区大多数其他国家，文化产业30%～35%的资金资源来自国家预算，其余来自区域和地方预算。俄罗斯是个例外，该国文化产业预算中的联邦资助部分占比约为18%，只有一项发展文化旅游的大规模计划几乎全部由联邦出资。这些公共资金主要用于资助面向大众的文化组织和机构，其中许多组织和机构约80%的预算依靠政府资金（UNESCO, El-Pikir, 2019）。但总的来说，资金短缺仍是各国文化产业面临的重要挑战。在该研究区域，缺乏吸引私人投资的完善工具也仍然是一个现实。然而，最近出现了公私伙伴关系增加的趋势。例如，俄罗斯、乌兹别克斯坦、乌克兰等少数国家对文化产业实行了税收优惠。私人公司设立的基金会也经常提供赞助。

该区域大多数国家有利于民间社会发展的监管框架，然而，并非所有国家都有专门针对民间社会发展的政策，但国家发展战略、宪法和政府法令通常都有相关规定。从事非物质文化遗产领域工作的专业组织的存在可被视为加强文化对可持续发展的贡献的绝佳机会。此外，许多国家有全国范围的手工艺人或艺术家联盟，这在很大程度上提升了国家层面的文化活力。有些联盟还具有区域性，如中亚手工业支持协会。

《2030年议程》和包容性文化政策

《2030年议程》通过后，本区域所有国家都制定了包括可持续发展目标在内的国家计划或战略。然而，文化在这些计划或战略中的融合相当不均衡，文化对国家层面可持续发展的贡献没有得到充分肯定。此外，大多数国家通过了长期的文化计划和方案，这些计划和方案似乎独立于其他发展部门而运作。尽管如此，该区域的一些总体趋势确实有助于实现可持续发展目标（尽管没有完全被纳入国家发展政策），特别是根据可持续发展目标10（减少不平等）制定的社会包容政策和促进跨文化对话的政策。这些经验可以在《2030年议程》的整体性基础上加以复制和加强，以应对本区域新出现的挑战。

面对不断变化的城乡动态，研究区域内的一些国家在国家综合政策战略中，在满足广大农村地区和迅速发展的城市中心的文化需求方面面临重大困难。目前，人口结构的变化很少反映在文化政策中，而文化政策往往不会系统性解决城市化问题。城市地区对文化的需求正在增长，新的博物馆、美术馆纷纷开张，包括通过城市节庆活动建立认同感。文化产业在该区域广大的农村地区发展良好，那里是大多数文化和休闲机构的所在地，这是苏联时代的遗产。这些农村地区通过地方机构组织了各种各样的活动，往往是保持民间传统和文化活力的核心。过去几十年已经证明包括手工艺在内的非物质文化遗产的发展对中小城市的经济至关重要，特别是在中亚。尽管由于国际市场的增长，这种经济潜力正面临日益增长的压力。

该区域所有国家都已将可持续发展目标纳入国家政策文件，主要涵盖 2020～2024 年的内容。

2000～2017年，该区域大部分地区的文化与休闲设施数量明显减少（UNESCO, El-Pikir, 2019）。然而，这并不意味着农村对文化的接受程度在下降，图书馆、数字平台等其他机构往往正在取代文化与休闲设施的功能。这些机构不仅保证了当地的文化生活，而且还通过使用信息和通信技术提供了进入国家、国际信息网络和数据库的机会。作为独联体成员国建设和发展信息社会合作战略的一部分，将公共图书馆和文化设施与互联网连接起来、保护文化和历史遗产并使其数字化的战略在区域一级得到了积极推动。

该区域积极利用信息和通信技术保存和数字化历史和文化遗产，将公共图书馆和文化设施与互联网相连（UNESCO, El-Pikir, 2019）。

让青年参与艺术和文化

该区域各国政府相当重视让年轻人参与艺术和文化活动。根据2010年的《首尔议程：发展艺术教育的目标》，该区域特别关注青年艺术教育的发展。例如，俄罗斯已将艺术教育纳入文化政策，格鲁吉亚将发展艺术教育作为2017～2018年文化战略实施行动计划的一个专门章节。

该区域的各种政策将文化与教育联系起来，并根据可持续发展目标4（优质教育）促进将非物质文化遗产纳入学校课程。这些课程根据文化政策侧重传统艺术和手工艺（如陶艺、木艺、织布和刺绣），主要关注发展技能和传播传统知识，而不是通过艺术进行创新和创造。在吉尔吉斯斯坦和哈萨克斯坦，近25%的技术和职业学校会提供与非物质文化遗产直接相关的课程，目的是提高关于传统手工艺的知识和技能水平。根据2016年的数据，塔吉克斯坦的技术和职业学校开设了14个教育项目、96个专业，其中18个专业与非物质文化遗产有关。此外，乌兹别克斯坦还通过了《国家保护非物质文化遗产方案》，该方案针对高级培训有一个单独的章节。

然而，这种强调通过教育让青年熟悉文化的做法在高等教育阶段很受局限。该区域只有25%的大学开设了文化相关课程，其中大部分学校在吉尔吉斯斯坦、乌克兰和俄罗斯。高等教育提供文化相关课程的这种短板可能是制约该区域充分发挥文化产业经济潜力的一个因素（UNESCO，El-Pikir，2019）。

> 为了保护少数民族的文化遗产，阿塞拜疆教育部于2019年为普通学校一至四年级的学生准备了塔里什语、列兹金语、查胡尔语、希纳鲁格语、阿瓦尔语等本地语言教科书及相关教具。
>
> ——《2019年阿塞拜疆自愿国别评估》

利用文化产业的经济潜力

文化促进经济增长的潜力可能使该区域受益，特别是在一些面临经济发展挑战的国家。然而很少明确考虑到文化的创收潜力，文化旅游是一个例外。研究区域的几乎所有国家都将旅游业视为优先事项，大多数国家采取了单独的旅游发展政策，其中包括物质和非物质文化遗产，并考虑了对创意产业日益增长的兴趣。但旅游业产值在整个区域的GDP中所占比重仍然较小。关于创意经济，该区域只有刚刚过半的国家加入了联合国教科文组织《保护和促进文化表现形式多样性公约》(2005)，这种低优先级在该区域许多国家的政策中也很明显。东欧国家集团的政策更加重视创意经济，白俄罗斯、摩尔多瓦和乌克兰都采取了扩大文化政策范围的政策，坚定地将文化作为发展领域。除亚美尼亚和格鲁吉亚外，该研究地区很少有国家将数字和技术进步带来的潜力列入文化产业的优先事项。现有数据显示，文化产业对GDP的贡献仍然很小，很少能达到GDP的1%。只有亚美尼亚的文化产业在过去5年中稳步增长，这一数字才超过了5%(Eurasian Commission, 2019)。

尽管公共政策不认为文化产业具有强大的经济潜力，但私营部门的作用正在逐步增强。此外，文化政策通常较易获得企业的资助和赞助，以及国际组织和基金会的支持。企业的社会责任在该区域也越来越受到关注，确保企业目标与社会和文化发展更加紧密地结合起来。例如，投资购买艺术品，赞助艺术、文化机构或遗产地，以及组织文化活动。在中亚、东欧和南高加索，私营部门投资和文化合作的另一种方式是通过许多私营电视和广播电台来促进当地文化发展，推动制定和实施旨在促进民族文化认同的政府文化政策。其中包括致力于发展文化方面的哈萨克斯坦私人电视频道Bilim zhane Madeniet，以及有着类似目标的吉尔吉斯斯坦Sanjar电视频道和亚洲电视频道。

然而，缺乏系统、可靠、全面的文化产业数据阻碍了制定更加有利的政策来提升文化产业的经济潜力。该区域通常的做法是将文化产业的统计数据与其他产业的数据合并在一起，文化的真正贡献从而更加难以辨别。例如，亚美尼亚、白俄罗斯、哈萨克斯坦和吉尔吉斯斯坦将文化数据作为更广泛的“艺术、娱乐和休闲”产业的一部分公布，而俄罗斯则将其作为“文化、体育、休闲和娱乐活动”的一部分公布。这表明，在这两种情况下人们都没有对文化进行数据分类。结果是文化产业往往与规模更大的产业合并，从而使人们扭曲了对文化作用的看法。

跨文化和宗教间对话

该区域文化政策的一个尤其突出的特点是强调多样性和对话的重要性。在国家内部，这种对话主要通过文化中心和人民大会来维持。在区域层面，有许多尤其注重文化的国家间机构，如欧亚人民大会。这种机制聚焦两个关键：第一，宗教多样性；第二，将有着共同文化根源的民族联系起来。突厥文化国际组织题为“阿尔泰文明和阿尔泰语系相关民族”的国际论坛是另一个例子。

该研究区域有相当规模的基督教和伊斯兰教社区，所有国家都有二者中明显占多数的宗教团体。尽管所有国家的宪法都宣称自己为世俗国家，但宗教在社会中仍然占有重要地位，宗教间对话是整个区域跨文化对话的组成部分。该区域所有国家都有专门的宗教法律，几乎所有国家都有专门的政府机构负责宗教事务。尊重宗教多样性体现在整个区域受到保护的众多宗教遗产中。例如，乌克兰基辅的圣索菲亚大教堂、喀尔巴阡地区的木制教堂以及布科维纳和达尔马提亚城市民居均被列为世界遗产（UNESCO, El-Pikir, 2019）。

该区域在历史上处于丝绸之路的中心，现在继续倡导跨文化对话。丝绸之路不仅通过货物交换连接了不同的文明，还使不同的民族和文化相互接触，从而塑造了当代世界。在该区域，阿塞拜疆和哈萨克斯坦（以及中国、德国和阿曼）是联合国教科文组织丝绸之路平台特别坚定的支持者。这个平台是联合国教科文组织丝绸之路项目20年的合作成果，介绍丝绸之路沿线节日与创意产业以及文化遗产和博物馆的信息。平台还介绍了传统工艺知识（如丝织）、社会仪式（如诺鲁孜节）和体育赛事（如马术表演），展示了中亚和丝绸之路沿线地区丰富的非物质文化遗产。

“

建立不同文化间的尊重和理解，放大温和、和解和多元化的声音。

——《世界跨文化对话论坛使命陈述》

该研究区域还主办了许多国际活动，以促进跨文化交流，展示了全球跨文化对话的领导力。一年两次的世界跨文化对话论坛在巴库（阿塞拜疆）举行，与会者来自120多个不同国家及国际和区域组织。区域内其他举措的例子包括独联体国家政府间人道主义合作基金论坛，2018年的主题是“独联体的跨文化对话：文化、科学和教育的新机遇”。自2003年以来，在阿斯塔纳（哈萨克斯坦）举行的一年两次的“世界和传统宗教领袖大会”对发展不同文化和文明之间的全球对话也具有特殊意义。自2014年以来，吉尔吉斯斯坦开展了一项新举措——世界游牧民族运动会，旨在保护文化遗产和支持、促进文化多样性，特别是传统体育。此外，联合国教科文组织与哈萨克斯坦-印度基金会共同启动了跨文化对话在线平台。这一创新数字教育项目以中亚和欧亚地区为重点，目的是分享与跨文化对话和相互理解有关的信息，如出版物、视听作品、图像和其他互动材料。

在阿拉木图（哈萨克斯坦）设立的国际文化和睦中心的宗旨是识别、收集、获取、储存、研究和宣传历史和文化遗产，还将开展科研和教育活动。此外，该中心的工作还旨在根据良好做法、人文价值和可持续文化发展原则维护和促进中亚各国的文化多样性和宗教间对话，为实现联合国教科文组织牵头的“国际文化和睦十年（2013～2022）”的目标做出贡献。

展望未来 LOOKING AHEAD

该次区域位于历史上的丝绸之路中心地带，因此有丰富的文化遗产，并因建立民族文化认同而受到赞赏。该次区域制定了完善的文化政策，通过被列入联合国教科文组织管理的联合名录，在文明交汇点的传统基础上日益促进跨文化对话。新出现的区域动态，特别是通过独联体，可以帮助该次区域应对不断变化的人口趋势和文化产业的需求，包括城市化的影响。凭借其强有力的青年和艺术教育政策，该次区域还可以扩大这些政策的范围来增强文化和创意产业的影响。构建更扎实的数据收集框架以及加强与民间社会和私营部门行为体的对话将进一步助力这一目标的实现。

亮点 HIGHLIGHTS

○ 由于几个前哥伦布文明构成的多层历史，拉丁美洲有大量多方面遗产，既有建成遗产又有非物质文化遗产，这在该区域形成了一种共同的文化特性。

○ 拉丁美洲的文化政策高度重视原住民文化和生物多样性，形成了独特的政策模式，即注重文化权利和文化多样性，以促进社会经济一体化。

○ 最近的政策转向了探索文化产业的全部经济潜力，为文化表现形式开辟了新机会，为民间社会和私营部门的参与开辟了新途径。

○ 近年来，国家文化政策框架得到了加强，这在很大程度上要归功于几个历史悠久的强大区域组织的坚定推动。

○ 强有力的区域合作有助于利用《2030年议程》将文化纳入应对城市化、日益加剧的不平等、环境退化和气候变化等挑战的战略。

3 拉丁美洲

阿根廷 · 玻利维亚 · 巴西 ·

智利 · 哥伦比亚 · 哥斯达黎加 · 厄瓜多尔 · 萨尔瓦多 ·

危地马拉 · 洪都拉斯 · 墨西哥 · 尼加拉瓜 ·

巴拿马 · 巴拉圭 · 秘鲁 · 乌拉圭 ·

委内瑞拉

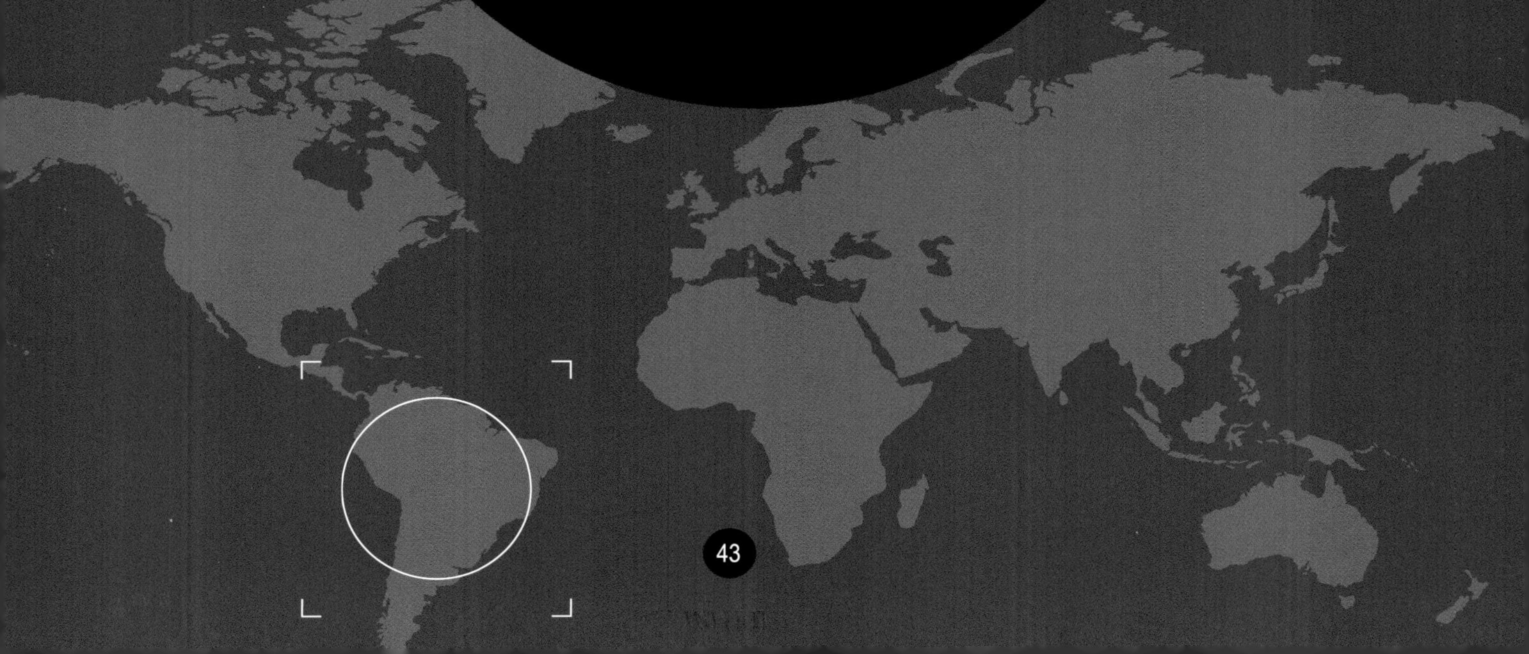

多元文化的根源

拉丁美洲研究区域的17个国家覆盖了广阔的地理区域，气候和地理环境具有多样性，如丛林、热带草原、山区、沙漠与沿海，还有大、中、小城市。生物多样性和文化多样性也很显著。而6.38亿人口（CELAC，2018）在语言上统一以西班牙语和葡萄牙语为主要官方语言。该区域还有大约800个原住民社区（ECLAC，2014），以及非洲裔人口。因此，该区域有许多语言和知识体系并存。

本区域面临着一些社会经济挑战，包括人口增长、青年高失业率、农村迁徙和人口老龄化。本区域有大约五分之四的人口居住在城市地区，尽管具体比例存在差异——从危地马拉的51%到乌拉圭的95%（UN Population Division，2018）。最近以空间碎片化为特征的特大城市和普通城市扩张有所增加，并造成了不平等，在一些地方引发了城市暴力。此外，该地区还面临着数字技术、环境退化和气候变化（包括遭受自然灾害）带来的新挑战。

该区域拥有大量的建成遗产和非物质文化遗产。几个前哥伦布文明在整个大陆留下了重要遗产，包括阿兹特克、萨波特克、奥尔梅克、印加、托尔特克、玛雅和泰诺文明。随着1492年欧洲殖民者的到来，当地大规模修建殖民地建筑，特别是16世纪到18世纪。区域优先事项是根据20世纪80年代和20世纪90年代的政治需要形成的，当时该区域开始感受到向民主过渡的社会文化的影响和挑战。该区域对消除贫困和社会排斥的敏感性导致出现了将文化作为一种社会关系体系的做法。

文化政策的演变

该区域的文化政策最初侧重于保护美术和文化遗产。这样的第一代政策在很大程度上忽视了原住民的文化和语言。或者说，即使纳入了原住民的文化和语言也是从民俗的角度出发的。随着整个地区人文科学的发展，特别是1967年拉丁美洲社会科学理事会（CLACSO）等研究机构的发展，社会研究蓬勃发展。它们为巩固民主、人权、可持续发展和文化和平的进程做出了贡献，并在社会研究和公共政策之间建立了联系。正是本着这种精神，1971年，联合国教科文组织唯一的政府间中心在哥伦比亚波哥大建立，以促进拉丁美洲和加勒比地区的图书发展。1989年，该地区举行了第一次地区文化部长会议。南方共同市场、安第斯共同体、加勒比共同体、南美国家联盟、中美洲一体化体系、美洲玻利瓦尔联盟、拉美和加勒比国家共同体等区域性综合组织逐步兴盛，有助于优先考虑将文化作为发展和社会融合的杠杆。

随着国际讨论的发展，国家层面的政策和计划更加注重非物质文化遗产和文化多样性，以体现整个拉丁美洲各民族深刻的文化特性，但建成遗产和可移动遗产仍然是政策的重要支柱。1982年，墨西哥在墨西哥城主办了世界文化政策会议，使该区域在国际上取得了重要突破，该会议是文化和文化政策概念不断发展的分水岭。拉丁美洲继续在国际上大力倡导当代文化概念，例如，在联合国提升文化促进可持续发展的作用以及可持续美食烹调等问题。

> 我们知道，文化不仅仅是人类进步的手段；它本身就是这种进步的表现。
>
> ——蕾维卡·格林斯潘
>
> 伊比利亚美洲首脑会议秘书长

在区域层面，自20世纪90年代初召开伊比利亚美洲国家元首和政府首脑会议以来，文化作为人类发展的内在组成部分的作用得到了承认。2006年，该首脑会议通过了《伊比利亚美洲文化宪章》，主要是受到联合国教科文组织《世界文化多样性宣言》（2001）和《保护和促进文化表现形式多样性公约》（2005）的启发。2018年，在危地马拉举行的以《2030年议程》为重点的首脑会议上，伊比利亚美洲国家元首正式认可文化促进可持续发展的理念。此外，拉美及加勒比国家共同体（简称拉共体）文化部长于2015年制订了《拉共体年文化行动计划（2015～2020）》，以促进达成《2030年议程》，承认文化是可持续发展、和平和经济进步的促进因素和动力。但是，在更广泛的政府发展规划中，文化仍然不一定会被明确体现。

加强政策和管理结构

拉丁美洲国家的文化产业由日益强大的机构和政策框架管理。自20世纪80年代后期以来，该区域大多数国家有一个负责文化事务的政府实体。除了智利、秘鲁和委内瑞拉在每个地区都有自治机构，文化政策往往是集中的。过去十年来，该区域许多国家已开始评估其政策和立法，以及管理该部门的机构设置，包括巴西、智利、哥斯达黎加、厄瓜多尔、墨西哥、巴拿马、萨尔瓦多和乌拉圭。一些国家设立了文化部或秘书处（墨西哥，2015年；智利，2018年；萨尔瓦多，2018年；巴拿马，2019年），增强了以前的体制安排。近年来，民间社会团体越来越多地参与整个区域文化政策的制定，但参与的程度和阶段各不相同。例如，智利的文化多样性联盟是历史最悠久的联盟之一，联盟定期与政府接触，并成功促进将联合国教科文组织2005年公约的原则纳入贸易协定。在更广泛的范围内，拉丁美洲应制定更明确的法律框架，以鼓励民间社会的参与，因为根据可持续发展目标16，没有民间的参与就不可能有文化民主。

该区域大多数国家的文化产业严重依赖公共资金，但划给文化的拨款仍然只占国家预算的一小部分。在2007年的伊比利亚美洲文化会议上，各国文化部长同意逐步将给文化的拨款增加到占公共开支总额的1%（2007年《瓦尔帕莱索宣言》）。一些国家已开始建立卫星账户。民间社会和私营部门的更多参与也可以使资金多样化。例如，墨西哥国家银行（Banamex）支持国家手工艺发展基金（Fonart）促进传统手工艺发展。文化产业也越来越将文化外交的价值作为国际关系的内在组成部分。例如，巴西和墨西哥近年来做出了重大努力，通过在双边和国际贸易协定中系统地纳入文化内容提高了其文化产业的知名度。

各文化部长已经同意逐步将文化拨款增加到公共开支的1%。

然而与文化活动有关的数据高度分散，这阻碍了文化产业的发展。但在过去的几年里，该区域已经取得了进步。越来越多关于居民文化消费的调查帮助政府确保政策反映国家的需求。此外，该区域一些国家，如哥伦比亚、厄瓜多尔、秘鲁和乌拉圭，加入了联合国教科文组织文化促进发展指标倡议，一些国家则表示有兴趣采用新的联合国教科文组织文化专题指标。在区域层面协调这些指标的努力将有助于促进政策调整。

包容性、文化权利和原住民

拉丁美洲文化政策的一个显著特点是对待文化多样性和文化权利的方式。联合国教科文组织《世界文化多样性宣言》（2001）对该地区的文化政策产生了重大影响，导致出现了国家级别的秘书处、部委和文化产业。它们将与艺术家和文化行为体合作，增加民众接触艺术和文化的机会。为了反映这一范式转变，厄瓜多尔（2016年）、墨西哥（2017年）等国批准了专门的文化权利立法。乌拉圭正在等待《国家文化和文化权利法草案》的最终批准，而哥斯达黎加的《2014～2023年国家文化权利政策》将多样性、有效行使文化权利和探索文化的经济层面联系在一起。

非物质文化遗产也成为社会凝聚力的重要载体。例如，伯利兹、危地马拉、洪都拉斯联合向联合国教科文组织《人类非物质文化遗产代表作名录》提名，尼加拉瓜承认了加里富纳社区的原

2016年，在巴西圣保罗的伊塔乌文化观察台的支持下，国际跨文化共存指数（ICI）得以创建，以重振几十年来标志着拉丁美洲文化政策部门的讨论，并考虑到不断变化的现实。其目的是进一步推动相关政策的发展，深化多样性范式，进一步超越文化产业的纯审美层面，比如注重共同生活和建立关系。

住民文化和非洲血统文化，有助于增加人们对该地区复杂历史的认识。在巴拿马，2018年刚果文化的仪式和节日表达入选《人类非物质文化代表作名录》，也是一个让社区团结在一起的参与过程。在哥伦比亚，非物质文化遗产正被用作和解的工具。联合国教科文组织正在支持以前受武装冲突影响的科内霍地区的当地社区，通过提供对话、集体记忆和其领土文化方面的空间，让前战斗人员重新融入平民生活，以优化社会结构。这些例子表明了文化对可持续发展的贡献，尽管现有的工具可能还需要进一步完善。

政策重点向文化权利的转变尤其影响了该区域4500万原住民。他们约占该区域总人口的8%（World Bank, 2015），主要居住在玻利维亚、危地马拉、洪都拉斯、墨西哥和秘鲁。该区域有几个国家通过了保护原住民权利和文化的立法。特别是智利取得了重大进展，2016年签署了设立原住民人民部和原住民人民委员会的措施，使之成为法律。巴拉圭正在与原住民社区一起设计了《原住民国家计划》，该计划将把社会和文化权利作为体制框架的核心。在社会融合的具体措施方面，墨西哥有一个国家大众文化博物馆，专门用于促进和传播大众文化和原住民文化。秘鲁则培训了原住民语言的口译和笔译人员确保原住民和国家之间的对话。2019年联合国国际原住民语言年对该区域具有特别重要的意义。这项由联合国教科文组织协调的庆祝活动旨在提高人们对语言、文化、知识体系和生活方式之间联系的认识。

文化多样性和生物多样性：同一枚硬币的两面

2001年《世界文化多样性宣言》中提出的生物多样性与文化多样性之间的联系也给该区域各国的决策带来了启发。该研究区域（除加勒比地区外）是世界34%的植物物种和27%的哺乳动物的家园，使其成为世界生物多样性“超级区域”之一。该区域有五分之一的领土被划为保护区，远远超过发展中国家13%的平均水平（World Bank, 2015）。这些丰富的自然资源、多样的地理环境及原住民的多样性，成为传统知识、遗产、艺术和其他文化表现形式的基础。

拉丁美洲约有37处联合国教科文组织世界自然遗产，这是该地区生物多样性丰富的标志。还有大

> 我们决定构建一种新的公民共存形式，在多样性和与自然的和谐中，实现“美好生活和福祉”。
>
> ——2008年厄瓜多尔新宪法的序言

量非物质文化遗产实践（其中一些已被列入联合国教科文组织非物质文化遗产的名录），表明生物多样性与原住民群体的多样性与文化多样性之间的联系。例如，巴西的伊奥夸人保护着亚马孙雨林南部极其脆弱的生态系统，该生态系统目前正受到毁林和入侵行为的威胁。玻利维亚的卡拉瓦亚行医者保存了大约980种药用植物的丰富知识，他们的植物药典是世界上最丰富的药典之一。原住民克丘亚人的宇宙观核心是人类是自然和社会环境的组成部分，称为“sumak kawsay”，意为福祉，2008年被纳入厄瓜多尔的新宪法，厄瓜多尔是第一个在宪法中承认自然权利的国家。

该区域还面临地震、飓风、海啸等自然灾害，而气候变化因素往往会加剧这些灾害。原住民的知识有可能为减少灾害风险提供解决办法。例如，利用当地材料或对红树林、珊瑚礁和岩石海岸的传统利用方式来对抗自然风险。原住民强调需要将传统知识纳入关于气候变化问题的教育和能力建设。例如，种植抗旱作物或保持有益的种植方式可有助于建立具有复原力的粮食系统。一些拉丁美洲国家已经认识到原住民的知识在寻找气候变化和灾害的可持续解决办法方面的重要性。

《2030年议程》和新出现的挑战

该区域几乎所有国家都加入了联合国教科文组织的《世界遗产公约》（1972），但申遗工作往往侧重于建成遗产，区域内列入《世界遗产名录》的自然遗产和混合遗产数量较少，不能反映遗产的多样性。大众旅游是世界自然遗产和文化遗产面临的重要管理问题。例如，虽然旅游业产值占加拉帕戈斯群岛（厄瓜多尔）收入的50%，但旅游业是群岛环境可持续发展面临的最严峻的威胁之一（UNESCO, 2016）。该区域有两个建设世界遗产管理能力的联合国教科文组织中心——里约热内卢（巴西）的地区遗产管理培训中心和扎卡特卡斯（墨西哥）的地区世界遗产中心。联合国教科文组织在秘鲁的另一个中心侧重保护非物质文化遗产。非法贩运文化财产，包括先期文物和殖民地神圣艺术品，仍然是该区域的一个问题。通过区域层面的协调，该区域在制定防止此类物品在艺术品市场上出售的政策方面取得了进展。厄瓜多尔还在2016年地震和随后的非法贩运文化物品事件后制定了《自然灾害历史档案应急程序手册》，这可作为区域努力更进一步的基础。

城市环境中的遗产也可以帮助培养社区认同感，近年来这已成为一个凝聚点。拉丁美洲城市的特点是社会和空间隔离。该区域有40多处世界遗产被分类为城市遗产。一些历史名城，如里约热内卢（巴西）、卡塔赫纳德印第亚斯（哥伦比亚）、库斯科（秘鲁）和墨西哥城（墨西哥），都已通过旅游业认识到城市遗产对经济价值的重要性。然而，在该区域的许多地方，城市遗产正受到威胁。20世纪90年代的经验表明，城市更新后往往会出现中产阶级化。此后，更多的干预措施集中于翻修广场和滨水地区，或在历史悠久的城市中心整合交通系统，在不转移当地人口的情况下激发周边地区更广泛的更新。其他城市也选择将创意作为当地发展战略的核心，包括该地区25个教科文组织创意城市网络成员城市，以充分利用其充满活力和多方面的文化表达、流行的民间传统、艺术、手工艺和美食。

《2030年议程》下不断增长的经济潜力

在大多数拉丁美洲国家，文化产业的经济潜力仍然没有得到充分利用。世界文化政策会议的讨论首先提出了对该区域内部政策的重新定向——尽管采用了相对传统的方法，重点是与该区域具有社会包容性的关注相呼应的手工艺品和传统知识。联合国教科文组织的2005年公约和《2030年议程》，进一步推动了根据可持续发展目标8、9，将文化视为创造体面工作和促进可持续文化旅游业发展的战略部门。

从手工艺、设计和表演艺术产生的非正式创意经济转向更广泛的文化和创意产业概念，需要进一步改变政策框架。该区域所有国家都采取了行动，促进和发展文化和创意产业，目的是提高其生产力和效率，包括通过美食等产业。其发展的主要障碍包括资金限制、区域分割、市场波动、盗版严重及大型娱乐集团高度集中，特别是在音乐和电影产业。此外，大众传播机构掌握着相对的垄断权，使得独立艺术家很难获得所需曝光率从而增加受众，实现市场的多元化。区域层面的协调可以通过帮助新锐艺术家的举措来纠正这种不平衡，例如电影节、戏剧节、音乐节，或区域内青年艺术家的交流项目。在国家层面，效仿哥斯达黎加的做法，加强艺术家的社会保障制度也将激发创意产业的潜力。

在过去几年中，私营部门对文化表演的参与度有所增加，可以更好地加以利用。不过，大企业和小企业的贡献差距很大。越来越少的家族企业和越来越多的跨国组织——尤其是金融机构和基金会——对文化表演做出贡献。墨西哥的一个积极例子是国家文化艺术委员会设立了“文化小微企业”方案，以支持手工艺领域的微型、小型和中型文化企业保护文化遗产的工作。另一个促进小企业发展的潜在解决方案是“集群”法，即在地方层面，如布宜诺斯艾利斯（这里是联合国教科文组织的设计创意城市）建立网络。2014年，根据可持续发展目标11，该市划了一片设计区，将城市的设计产业和服务集中在一个特定区域。然而到目前为止，拉丁美洲其他地方这种“集群”的例子还很少。

哥伦比亚通过2017年推出的“橙色经济”政策在该区域脱颖而出，因其拥有以创意为核心的最全面的公共政策战略。该方案涉及哥伦比亚政府的一项重大投资动议，目的是刺激私营部门对文化和创意产业的投资，包括艺术、手工艺、节日、遗产、音乐、出版和时尚领域。这个重大方案的结果显示，文化和创意产业的价值从2010年的62亿美元增加到2017年的82亿美元，年均增长率为5.5%（WIPO，2019）。该方案预计，到2022年，这些产业不仅将在创造就业方面进一步加强，而且在创新、多样化和可持续性方面也将增强。

数字技术和新机遇

新技术和新媒体不断变化的作用也为在区域外推广拉丁美洲文化及其产品提供了机会。该区域在为拉丁美洲文学、电影和音乐发展创造有利条件方面取得了一定的成功，但这并不一定能转化为经济可持续性。为充分发挥这一潜力，政策需要重新思考如何利用数字技术来支持从创造到生产、分配和获取的价值链各要素。至关重要的是，要确保当地艺术家，特别是那些来自原住民社区的艺术家，以及他们的传统知识和创意的产品继续受益于这一日益增长的市场潜力。

阿根廷立法要求电视每天为儿童播放三小时的内容，其中50%的内容必须是国产的。

在区域层面，人们已经做出了一些努力，如2014年启动的伊比利亚美洲数字文化议程是促进创建优质内容的综合努力。目的是拓展“拉美视域”视频点播平台等计划以展示其数字创意。该平台由玻利维亚、哥伦比亚、厄瓜多尔、墨西哥、秘鲁和乌拉圭联合建立，免费提供拉美电影及自1997年以来在马尼萨莱斯（哥伦比亚）举办的国际影像节视频。墨西哥最近提出的建立伊比利亚美洲在线文学图书馆的倡议也得到了支持。2023年世博会将在布宜诺斯艾利斯（阿根廷）举行，主题是“科学、创新、艺术和创意促进人类发展”。“数字融合中的创意产业”议题也将成为区域和国际行为者共同讨论这一主题的机会。

鉴于信息和通信技术的发展，以及文化经济重要性的增强，有必要改进和扩大文化教育方案（表演艺术、视听博物馆策展、摄影、设计和工程），以及与文化产业管理有关的更广泛的技能组合。这将有助于创意产业的发展，并根据可持续发展目标8（体面工作和经济增长）和10（减少不平等），为拉丁美洲约2000万既不学习也不工作的年轻人提供机会（World Bank, 2016）。各级学校的系统艺术教育将在每个国家及所在区域培养更强的认同感。尤其是墨西哥，它是国际艺术教育的主要倡导者之一。

展望未来 LOOKING AHEAD

拉丁美洲多层次的历史因其体现文化多样性和文化权利的政策而受到高度重视。该次区域的生物多样性及其与文化多样性的联系是巨大的财富来源。因此，这里为利用文化促进可持续发展提供了宝贵见解，特别是利用非物质文化和遗产，以及利用地方知识体系，特别是原住民的知识强化社会包容性。该次区域各国正在不同程度上利用这一丰富的遗产和创意来促进经济发展和增强区域文化特性，包括在数字领域。更系统的数据收集、艺术教育的推广及为民间社会创造更有利的环境都将使文化继续繁荣，并为次区域的可持续发展做出贡献。

亮点 HIGHLIGHTS

○ 加勒比地区的特色是获得全球认可的独特区域文化表达方式，这些表达方式主要受渴望解放的观念的鼓舞。

○ 由于该次区域有非洲人、印度人和中国人共同经历过的奴隶制和被迫流离失所的历史，文化因其特殊性而在加勒比社会中占有重要地位。

○ 早期的文化政策侧重于保护殖民时期遗产，而节日等大型文化活动开辟了新的途径，兼顾文化的经济方面和社会功能。

○ 强大的区域动力为文化领域的创新决策提供了巨大的潜力。

○ 虽然将文化融入更广泛的公共政策的工作仍然有限，但《2030年议程》为文化加强其对可持续发展的贡献提供了机会，特别是在文化旅游、创意经济等产业。

4 加勒比地区

安圭拉 · 安提瓜和巴布达 · 阿鲁巴 · 巴哈马 · 巴巴多斯 · 伯利兹 ·
英属维尔京群岛 · 开曼群岛 · 古巴 · 库拉索 · 多米尼克 ·
多米尼加 · 格林纳达 · 圭亚那 · 海地 · 牙买加 ·
蒙特塞拉特 · 圣基茨和尼维斯 · 圣马丁岛 · 圣卢西亚 ·
圣文森特和格林纳丁斯 · 苏里南 ·
特立尼达和多巴哥

文化是独特的区域文化认同的基石

加勒比次区域由几个岛屿、大陆国家和领土组成，通常又根据使用语言细分为英语、法语、西班牙语和荷兰语加勒比地区。其中大多数是加勒比共同体成员，这是一个主要由英语国家组成的次区域集团。在文化领域中，加共体作为加勒比地区的主要区域论坛邀请准成员和非成员，如古巴和多米尼加共和国参与。

> 将自己从精神奴役中解放出来。除了我们自己，没有人能够解放我们的思想。
>
> ——《救赎之歌》(1979)
>
> 鲍勃·马利的这几句歌词捕捉了非洲后裔对几个世纪以来流离失所的反思，作为加勒比身份认同的中心，以一种新的文化哲学被清晰地表达出来。

虽然不同的国家群体从前殖民列强那里继承了某些文化特征（包括语言），但它们有着共同的历史，以奴隶制、强迫移民及种植园社会中主要的不同种族（包括非洲人、中国人和印度人）共存为显著特征。这种共同的历史感在独立后的时代和整个相关的政治和社会变革中一直很强烈，尤其表现在对基本权利的渴望上。殖民遗留下来的不平等和社会排斥导致出现严重的暴力，特别是对妇女的暴力，并继续使大批青年在社会和经济方面处于弱势。在经济上，该次区域非常依赖旅游业和部分地区新兴的重要金融产业。狭窄的经济市场使一些国家容易受到冲击和重大宏观经济变化的影响，而其中大多数国家是小岛屿国家，经济多样化的选择有限，这进一步加剧了这种情况。

在殖民统治结束后，文化成为大多数曾经被奴役的人民解放的重要工具。这使得文化产业在加勒比地区的生活中具有非常特殊的地位，并产生了独特的文化表达形式，其中许多已获得全球影响，例如牙买加的雷鬼音乐（雷鬼音乐于2018年被列入联合国教科文组织《人类非物质文化遗产代表作名录》）。文化为人们表达反殖民情绪提供了一个平台，促进了当地文化身份的发展，并传播了一种世界观，这种世界观牢牢扎根于许多加勒比人的非洲根源。

> 巴巴多斯人和加勒比地区的其他人民一样，在过去的500年里一直在努力将自己从奴隶制和殖民主义的遗产中解放出来，这样的历史在他们中间制造出一种强烈的无力感，并导致他们对自己的身份缺乏信心。从本质上说，被奴役人民的整个价值体系都被宣布不值得保留，并被立即抛弃。即使在500年之后仍然可见这种无力感。
>
> ——《巴巴多斯国家文化政策》(2010)

这种文化解放与自决意识有着内在联系，自决意识旨在与过去和解并重申新获得的权利和自由的广泛需求。因此，政治、历史和文化通过“平等权利和正义”等口号紧密交织在一起，成为牙买加拉斯特法里文化的一部分。由被奴役者发展起来的克里奥尔语在独立后的时代获得了认可，成为身份建设的关键支柱之一。例如，海地克里奥尔语与法语一起被承认为海地的官方语言。加勒比文化的历史基础继续激励着文化政策，正如2010年巴巴多斯国家文化政策反映的那样，该政策力图纠正“无力感”这一遗留问题。

奴隶制和殖民主义决定了早期的文化政策

鉴于独立后不久文化产业即在加勒比地区发挥着重要作用，该次区域的文化政策有悠久的历史。独立后的政府最早建立的机构中就有一些保护文化遗产的机构，尽管这些遗产中大部分保留了殖民时期的历史，对这种保留的支持仍然是矛盾的。加勒比地区的这种特别关注还体现在加入联合国教科文组织文化公约上，几乎所有国家都加入了《世界遗产公约》（1972）和《保护非物质文化遗产公约》（2003）。的确，该区域文化政策的出现受到国际工作——例如联合国教科文组织1982年的世界文化政策会议——的强烈影响。

> 文化不仅是发展的成果，也是发展的根基，必须在发展过程的每个阶段和方面加以考虑。
>
> ——《加勒比共同体区域文化政策》（1994）

文化政策在次区域层面也受到很大影响。通过加勒比共同体等组织，次区域文化认同感被用作区域一体化的平台。加勒比共同体的文化部长定期在人与社会发展理事会举行会议，收集数据并制定了文化政策，有很多关于加勒比文化产业的报告，并推动组织区域文化活动，其中最著名的是自1994年以来一直举办的加勒比创作艺术节（CARIFESTA）。这些次区域的努力使整个次区域的文化政策变得主流化，通过文化促进交流，以及更好地定位文化，以应对区域范围内的主要发展挑战。1995年，加勒比共同体国家通过了第一个次区域文化政策，主要侧重于文化在最广泛意义上的发展作用。文化认同成为区域一体化运动中最重要的因素，而艺术则是创造一种新美学并为社区提供一种新鲜叙事的载体。

这种次区域文化政策在国家层面产生了影响，塑造共同身份被纳入了国家文化政策。保护和维护文化遗产仍然是几个国家的高级优先事项，其国家战略的名称就证明了这一点，例如

《开曼群岛国家文化和遗产政策和战略计划》（2017），或最近的立法，如伯利兹的《国家文化保护法》（2017）。这些政策往往是一种想要纠正过去错误的历史叙事的表现：身份的重建与促进人们对他们居住的土地产生更积极情感的需要相结合。例如，圣卢西亚的国家政策将自己置于种族意识和自决的背景下。虽然这反映了次区域文化产业的解放，以及它在历史上和社会上发挥的重要作用，但这种方法也有局限性，并有可能忽视文化产业的一些其他需求及潜在发展领域。

逐步向融合的文化经济潜力的政策转变

到20世纪60年代后期，人们越来越认识到文化不仅是界定民族身份的工具，也是经济发展的工具。包括海地、古巴和多米尼加在内的整个加勒比地区的狂欢节和节庆活动已经超出了当地文化活动的范畴，发展成为区域性的（有时是全球性的）流行活动，需要更专业的管理和营销。在牙买加，随着雷鬼音乐节和其他音乐节在国际上的流行，艺术家开始通过他们的手艺赚钱，相关行业也应运而生。从20世纪90年代末开始，这种经济考虑开始触发文化政策的转变。旅游产业受到的影响尤其明显，因为节庆活动刺激了住宿和其他服务业务的发展，这些业务需要满足越来越多的节日游客，从而通过旅游价值链促进当地的社会经济发展。

尽管文化政策逐渐发生了变化（虽然文化产业已被广泛认为具有促进增长和经济多样化的重要比较优势），但在许多地方，文化的经济方面仍然在很大程度上没有得到充分探索。这在一定程度上与该产业的历史及与政治活动的紧密联系有关，后者在文化价值和经济价值之间造成了一定的紧张关系。该次区域日益商业化的艺术往往被视为使文化远离其本质：有助于获得幸福、包容性、自信和集体成就感。因此公共投资占比仍然很低。加勒比地区

> 多年来，我们的正式进程强调的是我们的欧洲历史，而不是我们的非洲、印度、中国和其他传统。事实上，在物质遗产方面，我们对宏伟房屋的赞美多于对所谓的奴隶营房的赞美，对堡垒和城堡的建筑和用途的赞美多于对与我们人民寻求生存有关的自由村的赞美。即使是现在，我们也信奉官方宗教，将非洲的宗教行为贬为无知和禁忌。
>
> ——《牙买加国家文化政策》（2003）

的政府仍然更倾向于资助金融产业或建筑产业，即使文化产品表现出了更高的回报。通过私营部门为创意产业融资也仍然具有挑战性：由于创意产业被认为在经济上不可行，因此很难获得贷款，这种观点往往由于缺乏数据而变得更加偏颇。

与此同时，2006年的一项次区域研究《加勒比共同体的文化产业：贸易和发展挑战》得出结论，增加对文化的投资将有利于区域经济发展、成为可持续发展的战略资源。这项研究之后，一项区域战略解决了许多核心问题，例如数据收集、艺术家的流动性及文化产业的经济可行性。《2015 ~ 2019年加勒比共同体战略计划》重申文化是建设社会和经济韧性的核心，旨在为该产业的经济作用及其应对次区域的一些发展挑战的潜力注入新动力。

对文化发挥的重要作用的认识带来了次区域层面的具体政策。《欧盟—加勒比国家论坛经济伙伴关系协定》将文化列入贸易协定，是此类工作的最高级别。艺术家的流动性是在次区域层面解决的另一个具体挑战。例如，加勒比艺术家通过表演获得的收入比通过销售光盘或数字光盘的收入更多，而文学、艺术、手工艺等其他部门在整个次区域和全球组织的各种博览会和展览中找到了重要市场。由于该区域的旅游程序可能非常复杂，特别是在签证许可方面，加勒比共同体创建了加勒比单一市场和经济，在其中促进艺术家和文化工作者的自由流动。尽管实施起来仍然困难重重，但这种次区域性的工作是增强该区域创意产业经济作用的重要踏脚石。

"

人们普遍认为，鉴于加勒比地区的许多音乐流派、唱片艺术家、文学作家和节日在国际上取得的成功，加勒比地区在创意经济方面的影响力超过了它的实力。然而，看到该区域在创意产业的贸易表现不佳，即使不令人担忧，也是令人惊讶的。在这种情况下，创意产业可以说是加勒比国家论坛签署国享有一些竞争优势的领域，而且在产品和出口多样化，以及目的地和知识产权品牌方面，有很大的空间(Nurse and Nicholls, 2011)。

然而，实施变革在国家层面上仍然是一个挑战。广义上讲，文化产业仍然非常依赖补贴和赠款，但能力不足、资金不足。尽管如此，整个次区域都有一些很有希望的倡议，主要内容是为文化和创意产业提供财政激励，以及建立为创意产业提供服务的新机构。例如，巴哈马通过减税进行激励；牙买加对进口乐器和音乐设备免税；特立尼达和多巴哥为投资文化的公司提供财政奖励。尽管进展仍然相对缓慢，但这些落到实处的工作也越来越多地体现在了政策层面上，例如牙买加的国家文化和创意经济政策（即将发布）。在这方面，基于旅游的政策也很重要，以确保通过旅游税等方式将旅游资源重新投入文化和遗产中。

《2030年议程》：文化与发展的新动力

《2030年议程》和可持续发展目标的通过为文化政策带来了新的跨部门动力，使加勒比国家认识到文化在更广泛的可持续发展中的重要作用。这促进了文化与发展之间横向协调的深化。历史上，文化与更广泛的公共政策问题之间很少有联系，文化部也很少与其他部委合作，但古巴除外，该国的文化产业长期以来一直被很好地纳入更广泛的治理体系中。最近，《牙买加2030年愿景》是最明确的表述之一，表明文化是更广泛的发展的关键支柱（即使该政策早于《2030年议程》的通过日期）。

即使在国家发展计划中没有明确提到文化，人们也越来越认识到文化对加勒比地区其他发展领域的贡献。面对高度贫困，文化被认为是消除贫困（可持续发展目标1）的关键，特别是文化和创意产业，这已成为该次区域发展新的当务之急。加勒比的创意产业，特别是音乐直接吸引了大量青年。无论从社会凝聚力还是从经济角度来看，这都是一种有待充分开发的资源。根据世界知识产权组织（WIPO）的数据，加勒比国家（如圣基茨和尼维斯）版权产业的产值对各自国家GDP的贡献高于全球平均水平（5%），分别为8%和6.6%（WIPO, 2012）。但版权产业的就业水平却低于全球平均水平。然而，正如《加勒比共同体文化产业区域发展战略和行动计划》（2015）指出的那样，要全面准确地了解情况是很困难的。因为与文化产业有关的许多数据是不完整的，而那些存在的数据往往与文化和创意产业之外的产业相关。例如，关于节日和活动对经济贡献的数据被归在旅游业下，而不是文化和创意产业下。

> 《牙买加2030年愿景》引入了一种新的范式，重新定义了牙买加的战略方向，并使我们走上了一条不同的道路——一条通向可持续繁荣的道路。新的范式将从依赖较低形式的资本，即我们的阳光和沙滩旅游及出口地下资产和基本农业商品，转向发展该国较高形式的资本，即我们的文化、人力、知识和机构资本存量，这将使我们进入更高的发展阶段。
>
> ——《牙买加2030年愿景——国家发展计划》（2009）

文化作为促进可持续发展以应对诸如在国家内部解决贫困等挑战的推动力，有一个主要障碍：文化在从学前教育到高等教育的各级教育中的融合程度有限。该区域独特的文化表现形式受到了全球的赞赏，这种传承继续通过非正规教育系统进行，限制了文化产业的增长潜力。古巴是这一趋势的例外，该国拥有许多艺术和文化学校，从而形成了高度专业化的创意产业。在其他地方，文化节的培训部分解决了与教育缺少正式联系的问题，例如为年轻艺术家组织比赛。这类节日包括巴巴多斯国家独立创意艺术节和牙买加的国家艺术节。然而文化产业的进一步专业化和创新要求加强与教育的联系，并建立专业标准。

城市化、性别平等和社会包容

如果文化没有被纳入广泛的可持续发展计划，它有时会在具体的可持续发展目标中被提及。根据最近的一项调查，该次区域约一半的国家已将文化纳入关于可持续城市的国家发展计划（可持续发展目标11）（UNESCO，2019）。农村人口向城市流动日益成为加勒比地区的一个问题，城市中心迅速发展，而贫困人口的比例往往很高，特别是在大型非正规居住区。因此，一些人努力迎合迅速扩大和日益多样化的人口，而民众往往是为了寻找就业或教育机会。文化产业提供了解决这些问题的各种途径，包括塑造更可持续、多样化的社会，并提供创收机会或发展创意产业，联合国教科文组织创意城市网络的三个加勒比成员就是例证。节日为文化产业提供了另一种帮助改善城市生活和改变城市空间的方式，如2015 年在海地太子港举办的加勒比创作艺术节。

历史悠久的城市中心也面临着巨大的压力，相互竞争的优先事项和需求往往使这些地区的保护状况不佳。苏里南认识到需要以可持续发展的方法更好地保护这些历史区域，因此启动了帕拉马里博城市修复计划振兴这一世界遗产。格林纳达则为其首都圣乔治的历史城区建立了一个保护区。更广泛地说，保护历史城市中心和其他遗址可以成为发展该区域文化旅游及保护非物质文化遗产的平台。

2015 年，一年一度的加勒比创作艺术节在海地太子港举办，吸引了来自该区域各地的观众和艺术家来到这座城市。这不仅是一个文化交流的机会，也是推动全国各地文化场馆修复的契机。这些场馆在2010 年的地震中受到了严重破坏，其文化活力仍在努力恢复。

与大众旅游发展模式相比，文化旅游具有通过不同类型的住宿、美食和体验为游客提供多样化产品和服务的巨大潜力。例如，多米尼加完成了一个大规模的圣多明各殖民城市振兴项目，这也是一个世界遗产。该项目还关注为该区域带来创意企业，以及一个公共艺术和会议空间。

加勒比地区极易发生自然灾害，特别是飓风，以及洪水、滑坡等相关次生灾害。此外，小岛屿国家和沿海地区特别容易受到气候变化引起的海平面上升的影响。尽管灾害风险很高，但文化很少被纳入减少灾害风险的政策中，既不作为保护部门，也不作为减灾来源。此外，文化多样性和次区域的生物多样性之间的联系并不总是很明确，即使有一些文化政策的例子承认文化与环境的联系，如《伯利兹国家文化政策（2016～2026）》中的“教育和环境中的文化”，“支持促进可持续生计和保护环境的做法的举措”。在其他领域，如性别或健康和艾滋病毒/艾滋病，与文化的联系仍然有限，尽管这些部门可以从更紧密的联系中受益。例如，种植园社会遗留下来的根深蒂固的不平等问题导致传统的性别角色在该区域仍然很牢固，推进性别平等是一项重要挑战。

> 一个国家的文化是其生活方式，影响着它评价自己的方式。文化提供了国家确定其优先事项和目标的框架。它是实现更大民族凝聚力、灌输更强民族纪律、激发更大自我意识和自力更生的工具。
>
> ——A. J. 西摩（1914～1989），诗人（圭亚那）

加勒比的一些文化表达，特别是音乐，延续了这些性别角色的刻板印象，如物化女性。考虑到音乐的广泛影响，特别是对年轻民众的影响，因此必须与艺术家和文化部门的专业人士合作，按照可持续发展目标10（减少不平等），改善目前的状况。

然而，令人鼓舞的是，几乎有一半的国家将文化纳入了与可持续发展目标16的具体目标7，即与“确保各级决策的响应性、包容性、参与性和代表性”有关的政策。目前，经营博物馆、美术馆等文化机构的私营实体往往独立于政府运作，这使得整合文化产业各种优势的工作变得复杂。此外，民间社会对文化产业的参与也很有力，但往往没有得到政府的信任。增加政府和非国家行为体之间的合作将大大加强文化政策。最后，在基层采取一种更具包容性和参与性的方法也将有助于利用人们对文化多样性日益增长的兴趣，这被认为是“文化政策的新前沿”。这种方法提供了将加勒比文化的后奴隶制根源与身份、原住民社区和人口中日益增长的多样性联系起来的机会。

展望未来 LOOKING AHEAD

加勒比地区对文化的独特认识与身份认同交织在一起，催生了一个特别有活力的文化产业。该次区域长期以来的文化政策是一个坚实的基础，在此基础上可以扩大文化政策，包括在区域层面（通过加勒比共同体）设计创新的方法，如支持艺术家流动。人们普遍认为加勒比地区在文化表现形式的生产方面“志存高远”。然而，此地区还没有将这种文化活力完全转化为经济活力，特别是对年轻人而言。鉴于该区域的旅游潜力，进一步将文化和旅游政策联系起来也至关重要。一些国家已经利用了文化在更广泛的公共政策中的强大作用，其他国家可能也希望抓住机会，在从社会包容和性别平等到减少灾害风险、保持健康和城市政策的决策领域利用这种力量。

亮点 HIGHLIGHTS

○ 亚洲拥有很强的文化多样性，具有独特的文化概念，高度重视物质和非物质文化遗产之间的内在联系，并将文化视为一种集体利益。这一理念极大地推动了扩大文化范围的国际讨论。

○ 文化对国家建设和社会凝聚力的作用在该区域得到广泛认可，特别是在冲突增加和不平等加剧的背景下。

○ 文化的经济层面越来越得到认可；某些国家是文化产品和服务的主要出口国，而其他国家则优先考虑利用集体传统技术特别是手工艺的文化产业。

○ 在国家计划中，文化特征与《2030 年议程》保持一致，特别是应对快速城市化和大众旅游业的挑战，这些挑战对文化遗产产生了巨大影响，尽管减少灾害风险和气候变化的文化层面仍未得到充分探索。

○ 尽管各国在文化政策方面存在很大差异，但通过各组织的倡议及文化外交，加强区域合作的呼声越来越高。

5

亚洲

阿富汗 · 孟加拉国 · 不丹 · 文莱 · 柬埔寨 · 中国 · 朝鲜 · 印度 ·
印度尼西亚 · 伊朗 · 日本 · 老挝 · 马来西亚 · 马尔代夫 · 蒙古国 ·
缅甸 · 尼泊尔 · 巴基斯坦 · 菲律宾 · 韩国 · 新加坡 · 斯里兰卡 ·
泰国 · 东帝汶 · 越南

文化政策的多样性

亚洲地区在社会和经济发展水平、地理和人口规模方面都非常多样化。既有世界上人口最多的国家（中国有14.1亿人、印度有13.5亿人），也有人口最少的一些国家（不丹有80.7万人、马尔代夫有43.6万人）（World Bank，2018）。某些主要经济体是全球经济的中心，如中国、印度和日本；而其他一些国家仍属世界最不发达国家，如阿富汗、不丹、柬埔寨、老挝、缅甸、尼泊尔和东帝汶。经济增长、城市化、农村人口向城市迁移和迅速增长的人口给文化、遗产和社会带来了巨大的压力。虽然许多国家享有和平的环境，有利于快速的经济增长和旅游业的发展，但有一些国家面临着持续的紧张局势、武装冲突或战争和灾难的后果。

社会经济层面可被视为界定亚洲文化政策方针的主要参数之一，尽管不是唯一的。的确，社会经济背景在很大程度上决定了文化产业对政府的倡议和预算、该部门工作人员的专业能力、民间社会的作用及文化产品和服务的国内市场。社会和经济发展水平较高的国家往往更重视文化，但也有例外，如尽管老挝是世界上最不发达的国家之一，但国家对文化的投资却相当大。

这种发展背景和优先事项的多样性是对亚洲制定和实施整体区域政策模式的挑战。为了解决这个问题，东南亚国家联盟（ASEAN）、南亚区域合作联盟（SAARC）等各种次区域组织，推动了各国之间的合作，并采取了文化政策。例如，此类政策包括《东盟文化艺术战略计划（2016～2025）》，其重点是文化联系和对话。此外，越来越多的文化网络、区域组织（如亚洲文化理事会）和专门技术中心（包括联合国教科文组织的各个中心）正在刺激跨国和区域合作。它们的努力有助于在整个区域内对文化采取更加一致的做法。

政策挑战

亚洲国家几乎都加入了联合国教科文组织《关于采取措施禁止并防止文化财产非法进出口和所有权非法转让公约》（1970）、《世界遗产公约》（1972）和《保护非物质文化遗产公约》（2003），这体现了亚洲对文化的坚定承诺，这些国际标准影响着各国的做法。所有国家都制定了文化政策，建立了专门的文化公共机构，尽管它们的范围和能力相差很大。然而经常缺乏详细的规划导致实施标准和国际标准之间往往存在相当大的差距。这可能部分是由于文化产业在人员和预算方面仍然是最不被重视的。总的来说，文化产业的能力非常不平衡，而且越来越不适应文化领域的新需求。各个机构通常配备了高度专业的人员，却不太重视管理整个政策和项目需要的更广泛的技能。这使得将文化与更广泛的公共政策更好地结合起来更加困难，还有部门内的孤立做法问题。为整个文化产业构建一个技能和资格框架，类似该区域正在为遗产制定的框架，有利于更好地确定所需专业知识，尤其是包含文化对可持续发展贡献的更广泛的愿景。

此外，由于缺乏统计数字和政策研究，文化政策的制定、执行和评估受到阻碍，这些研究往往只在本区域比较成熟的经济领域才有。虽然像印度尼西亚和泰国这样的国家已经编制了文化数据（包括文化对其他发展领域的贡献），柬埔寨和越南也参加了联合国教科文组织的文化促进发展指标（CDIS）项目，但它们通常缺乏可靠的最新信息。该区域大部分地区的数据收集和分析能力不足。另一个挑战是大量非正规文化活动，这需要采用适当的模型来收集数据。

亚洲文化政策在《2030年议程》下的范式转变

尽管包括联合国教科文组织公约在内的国际模式仍然是制定和实施文化政策的基础，但该区域学术界最近的研究趋势主张采用更加“亚洲”的方法，认为世界其他地方，特别是欧洲应用的概念有时并不适用于受亚洲思想和传统影响的治理体系。因此，从国家政策的区域性方法可以看出，亚洲国家重视集体权利，而不是个人权利，有非常强的社区参与和文化所有权。例如，在整个亚洲文化政策中很少有对艺术独立性或艺术的内在价值的强烈关注。文化遗产被广泛认为是一个使用和销售传统遗产相关的艺术、工艺和其他文化表现形式的社区集体权利。

> 在亚洲，文化通常被视为一个使用和销售传统遗产相关的艺术、工艺和其他文化表现形式的社区集体权利。这也是亚洲文化政策把手工艺作为一种重要文化表现形式的原因之一。

此外，整个地区的文化观念认为文化的不同层面是有内在联系的，包括物质和非物质、可移动的和不可移动的文化。最初，国际层面的政策都是围绕着建成遗产展开的，重点是识别、记录和保护。而在亚洲做法中，各种形式的遗产之间始终存在强烈的相互依存关系。例如，遗产遗址长期以来被认为是记忆的场所，是物质遗产和非物质遗产的结合点，例如孟加拉国的解放战争博物馆和柬埔寨的青年争取和平项目（Krain Ta Chan）。这种对待文化政策的方式已经逐渐形成，该区域在国际舞台上越来越多地发表自己的观点，例如，丰富了适用于文化遗产的真实性概念、文化多样性概念和最近关于“文化进步”的讨论。

《2030年议程》的通过也引发了该区域文化政策的范式转变。随着将文化纳入可持续发展目标的各项目标和指标，文化越来越多地出现在国家发展计划中。例如，孟加拉国和印度尼西亚制定了与文化和可持续发展目标有关的具体目标和指标，老挝将文化纳入最近的五年国家发展计划。如果不与广泛的可持续发展目标相联系，文化往往与一个或多个具体的发展部门相联系，主要是与可持续发展目标11（可持续城市和社区）和16（建立和平和包容的社会）。

越来越多的国家将文化政策纳入国家发展计划，从而承认文化不再是文化部一个部门的事情。

在该区域的许多国家，文化不再被认为是文化机构的唯一责任。私营部门越来越多地参与文化产业活动，使现有的文化治理模式发生了根本性变化。同时，民众普遍感到文化和文化遗产因其固有价值而很重要，不能只由市场利益来决定。民间社会组织在保护和振兴物质和非物质遗产方面也发挥着积极作用。近几十年来，民间社会组织的范围迅速扩大，涵盖了如性别、教育、社会福利及文化等许多问题，对国家和公民之间的关系、公共机构、普遍的规范和价值观产生了重大影响。然而，整个地区的政府对民间社会组织的参与的态度仍然是矛盾的，这甚至导致一些国家出现更严格的法规和更严格的政府审查。

政策重点：遗产和创意经济

亚洲的文化政策往往分为两大类：1）文化资源和机构的公共管理政策；2）管理文化和创意产业的政策。然而，正如中国和韩国的政策所示，这两类并不一定相互排斥。文化资源的公共管理仍然是最大的政策领域，核心是保护遗产，包括建立和管理专门机构。例如，缅甸最近更新的文化产业法律框架侧重于保护可移动遗产、古迹和遗产区域，即由古迹和遗址组成的区域。此类政策受国际惯例影响很深，这有时会限制跨文化领域的横向决策。

第二个重点领域涉及文化和创意产业，因此与其他发展部门有较明显的联系。该区域创意经济就业岗位占全球总岗位的43%，视觉艺术、图书和音乐行业是主要雇主（EY，2015）。该产业倾向于强调传统文化的重要性——特别是在遗产、传统技能和知识方面——作为社会和经济发展的来源，这与欧洲的情况不同，例如，欧洲倾向于强调创新和个人表达是创意产业的主要资产。这些关于文化和创意产业的政策可以根据相关国家的发展水平进一步细分为两类：一类是东亚地区的快节奏创意产业；另一类是与传统文化生产联系更紧密的文化产业，如手工艺和表演艺术，通常会存在于该区域的农村环境中。

由于文化政策的目的是实现可持续发展和所有人的福祉，决策过程自然必须自下而上，以反映人民的需求。我们需要建立机制，赋予艺术家、文化专业人士和广大社区参与决策过程的权力，并监督公共政策的有效性。

——《印度尼西亚雅加达国际文化促进论坛决议》(2019年10月)

在拥有成熟创意产业的国家，政策是在经济、技术和工业快速发展的背景下实施的，并以具有专业技能的年轻高学历创作人为重点。这些创新的企业家利用广泛的遗产传统，将传统混合起来开发具有全球吸引力的新产品。在该区域，中国目前在全球创意产品出口中占主导地位，但印度和新加坡也是世界十大出口国之一。日本、中国、马来西亚、菲律宾和韩国的版权相关产业对GDP的贡献也超过了全球平均水平（5.22%），它们的崛起使人们对创意经济越来越重视（World Intellectual Property Organization，2019）。

创意经济的第二项政策更加依赖传统知识。这种政策侧重于社区或群体及其集体权利。就像大多数手工艺一样，熟练工人往往在特定的传统中成长，代代相传。文化产业政策已逐渐将这一过去基本上是非正规的部门转变为一个更加稳固的结构，从而创造了新的工作机会。这一点在本区域根据可持续发展目标8（体面工作和经济增长）开展的大量以工匠为基础的创业方案中得到了体现。这些手工业被当作创造就业机会、遏制城乡移民及保护遗产的载体。在某些情况下，较发达经济体也将其作为推广独特地方产品的模式。亚洲扶持手工业促进发展的积极经验表明该区域重视手工业这一领域，该区域认为手工业的经济和文化层面在全球范围内没有得到足够的认可，即便已经加入了国际公约。

国际合作和文化外交也是该区域的重中之重，被视为软实力的工具。例如，该区域正在申请的丝绸之路跨国世界遗产项目涉及的国家越来越多。该项目由5个中亚国家和中国发起，目前包括16个国家（阿富汗、中国、印度、伊朗、日本、尼泊尔、巴基斯坦和韩国，此外还有亚洲的文化和创意产业提供了全球创意经济43%的工作岗位，主要在视觉艺术、图书和音乐产业。

中亚五国、阿塞拜疆、俄罗斯和土耳其，不丹为观察员），目的是增加区域合作和提高能力，同时关注遗产保护和促进旅游业和创意产业的发展。作为一项大型跨国文化倡议，丝绸之路项目反映了文化和遗产作为外交政策一部分的重要性。

技术进步和对新技能的需求

亚洲在数字和技术发展方面处于全球领先地位，这极大地影响了文化产业的发展，因为它们导致了文化产品和服务的生产和消费的重大变化。目前，技术发展带来的新挑战很少反映在文化政策中。很少有国家拥有全面的数字文化政策，这主要是因为用户生成的数字内容在崛起，正在挑战许多亚洲国家对媒体、信息和娱乐的垄断权威。

中国、日本、韩国、新加坡等经济体通过利用现代技术并将现代技术纳入优先发展创意产业的政策引领创意经济。日本和韩国的流行文化——包括音乐、电影、动画、时尚杂志和电子游戏——的迅速传播改变了文化消费模式。在某种程度上，移动电话、社交媒体、数字平台访问等技术的发展也为手工艺、文学、表演艺术、遗产等更为传统的领域注入了活力。与此同时令人关切的是，由于文化商品和服务的自由贸易的发展，传统文化价值和知识正在丧失，一些较强的区域参与者在市场经济中的影响力日益增强，许多工匠被迫放弃他们的传统职业，因此威胁到活态遗产的生存能力。强化政策可以弥补适应市场经济的要求和技能发展投资不足之间的差距。

促进多样性和社会包容性的文化政策

鉴于亚洲的多样性，文化被视为一个可以合而治之（通过培养民族认同），同时也可以分而治之（通过促进特定的民族认同，而忽视了其他民族）的因素。该区域有一些有意思的经验，尽管不够系统，但有助于确保文化政策代表亚洲不断发展的社会所有阶层的多样性。例如，日本正在增加社区对文化政策决策过程的参与，以便使这些政策更好地反映不同的观点。亚洲国家还制定相关政策，为解决残疾人获得和参与文化生活的权利的问题做出巨大努力。

培养文化权利需要将妇女、少数民族、弱势群体和原住民社区纳入其中。尽管该区域的整体文化政策试图改善整体准入和社会发展状况，但不平等（尤其是性别不平等）在亚洲仍然根深蒂固。在许多情况下，妇女、青年和少数民族被指定为文化政策的优先群体，例如在孟加拉国、文莱、缅甸和菲律宾。然而，公共文化项目很少将为妇女和其他受排斥群体赋权作为直接目标，使得这种总体政策目标的影响相对有限。在该区域的许多地方，原住民群体的技能和知识仍然没得到充分承认，与他们有关的一些文化政策或多或少以直接的方式使这些传统和生活方式经常处在压力之下的社区进一步被边缘化。

> 重塑过去是塑造未来的重要途径……因此，多样性是一种巨大的社会和文化资源，必须被作为一种团结的纽带加以利用。这种多样性反映在国家的每一个方面……需要有意识地努力，不仅使这一品种的存在和美感凸显出来，而且使每个品种象征的内容凸显出来。赞美文化的需要并不是要僵化它并拒绝它进化的冲动。巴基斯坦文化必须保持活力……以全球认可的人权、宽容和社会正义原则来实现人们新的愿望。
>
> ——《巴基斯坦国家电影与文化政策》(2018)

通过艺术自由领域的政策来塑造文化倾向缓和了对促进多样性和多元化的兴趣。许多政策倾向于保护文化传统和促进多样性，这种趋势反映了平衡传统和全球化的斗争。然而，该区域的一些国家也认为丰富的文化和种族多样性是社会凝聚力的一种资产。例如，巴基斯坦2018年的文化政策明确承认文化多样性是一种资源，必须“被作为一种团结的纽带加以利用”。最明显的是，人们难以认识到文化多样性作为社会发展资产的潜力，这可能与该区域越来越多的族裔冲突有关，这些冲突源于某些群体争取权力和资源的斗争，又因应对快速变化的挑战而加剧，并且由于快速的城市扩张，从农村迁移出去等原因，人们害怕失去他们的身份以及与文化、传统的联系。该区域认识到了这一风险，若干政策试图强调文化对国家建设和促进提高文化知识及多样性的重要性，保障社会的多元化和社会凝聚力。

应对核心挑战的《2030年议程》

为了满足亚洲不断增长的庞大城市人口的需求，许多政策和计划将遗产及创意作为城市复兴的工具。其中许多政策是在地方出台的。例如，联合国教科文组织的创意城市计划促进了世界各地城市之间基于文化和创意的交流，约有20%的成员在亚洲（使其成为仅次于欧洲的第二大地区）。印度还制订了一项城市文化遗产计划，该计划涵盖印度一半以上的居民人数超过100万的城市及其小城镇，其中许多遗产地已被确认为保护对象。总的来说，亚洲文化产业的目标是使城市更加可持续和宜居，这与可持续发展目标11（可持续城市和社区）相符，以及通过为农村地区创造经济机会来减少农村向城市的流动人口。

亚洲拥有世界上54%的城市人口，主要的城市群如北京、德里、雅加达、卡拉奇、马尼拉、孟买、大阪、首尔和上海的居民人数均超过了2,000万。城市移民是许多亚洲国家的主要社会经济趋势，也对文化政策产生了影响。

——联合国经社部（2018）

大众文化旅游在亚洲以前所未有的规模蓬勃发展，提供了收入和就业机会，符合可持续发展目标8，但也给当地社区带来了许多不利因素。这可以通过跨部门政策和法规加以解决，包括采取文化层面的措施。将文化旅游等同于物质遗产的区域倾向不仅是简化主义，而且还导致增加了对遗产地的压力。一些政府试图解决这一问题，例如，在吴哥窟（柬埔寨），政府试图鼓励游客参观其他景点，丰富为游客提供的服务。政府还增加了替代方案，这些方案着眼于世界遗产之外的自然环境及创意产业或非物质实践提供的文化表达。

最后，尽管该区域容易受自然灾害的影响，而且人们日益认识到这些灾害给文化领域带来的挑战，但文化政策尚未将重点放在减少灾害风险或应对气候变化的影响上。这同样适用于冲突及其对文化和遗产的影响。尽管该区域大多数国家加入了联合国教科文组织的《海牙公约》（1954），但在文化政策中却很少提及与冲突、和解或和平建设直接相关的问题。在这方面，非物质文化遗产提供了一些机会，既可以解决与冲突有关的问题，又可以走向跨越不同文化领域的方案。

展望未来 LOOKING AHEAD

亚洲的社会经济和文化多样性反映在该区域的各种文化政策中。亚洲文化概念更加注重集体权利的特殊性，可以更好地用于促进更大的社会包容性和创造就业机会。整个地区的物质和非物质遗产交织在一起，为更可持续地保护遗产的做法提供了坚实基础，包括文化旅游的管理。虽然越来越多的亚洲国家正在将文化纳入国家发展计划，但这些计划可以将文化纳入城市化相关政策及更加重视减少灾害风险和缓解冲突相关政策的文化层面，由此得到进一步加强。此区域需要有更广泛的技能基础将文化与公共政策联系起来，并且需要数据方面的能力建设，还需要加强与非国家行为者的伙伴关系。

亮点 HIGHLIGHTS

○ 文化几乎融入了太平洋地区日常生活的方方面面，人们与环境之间密切联系，在地理上相对孤立的多个岛屿上形成了独特的太平洋生活方式。

○ 丰富的传统知识和技能是发展更具可持续性和复原力的社区的源泉，但气候变化和大量青年流动使得非物质文化遗址的保护受到威胁。

○ 强大的区域动态弥补了国家文化政策的不足，并确保了文化融入更广泛的公共政策。

○ 该次区域在将文化遗产和传统知识纳入公共政策，在减少自然灾害风险和灾后评估方面是先锋，带动了其他国家的发展。

○ 《2030 年议程》为保护该次区域的杰出海洋遗产、扩大旅游业的文化层面以刺激可持续模式和更好地利用原住民知识提供了机会。

6 太平洋地区

澳大利亚·库克群岛·斐济·基里巴斯·马绍尔群岛·
密克罗尼西亚·瑙鲁·新喀里多尼亚·新西兰·
纽埃·帕劳·巴布亚新几内亚·萨摩亚·
所罗门群岛·托克劳群岛·汤加·
图瓦卢·瓦努阿图

太平洋文化：连接人与环境

太平洋岛屿的特殊性质创造了一种非常特殊的文化传统，尽管各个国家之间的地理、面积和历史、文化、经济、政治制度都有很大的差异，但这种文化传统与独特的太平洋生活方式紧密相连。除澳大利亚和新西兰外，该次区域还包括 16 个小岛屿国家，这些岛国总计有约 1000万人口（Pacific Community，2019）。一些国家由覆盖面积很大的环礁组成，地理上相对孤立且岛屿之间的距离很远，这带来了发展和治理方面的具体挑战。太平洋国家的发展水平差异很大，太平洋次区域中平均每四个人就有一个人生活贫困。

文化包括“大多数人熟悉的舞蹈、歌曲、颂歌、表演和手工艺，这些都是四年一度的太平洋艺术节上的庆祝活动。但文化远不止这些。它关乎一种生活方式和质量，关乎身份、权利、差异和容忍、可持续和健康的生计、个人和社区的创意和增长，最重要的是，关乎未来。文化也是一个部门，像农业或渔业或旅游业一样，是可以定义的，需要公共和私人投资”。

——《太平洋区域文化战略（2010～2020）》

岛屿的地理位置、有限的资源获取和技术挑战，限制了当地的经济扩张和潜力，使许多国家依赖发展援助和海外汇款。这使岛国变得脆弱，在某些情况下导致政治不稳定和内乱。最重要的是生态脆弱的次区域正面临世界气候变化的一些最紧迫挑战，包括人口众多、自然资源丧失和环境退化。太平洋地区的人口相对年轻，面临着高失业率。世界上有大量失业人口是青年，这导致越来越多的年轻人离开岛国，前往澳大利亚、新西兰或其他地区（Pacific Community，2019）。因此，此地区迫切需要保护文化的所有方面，并将这一遗产传递给后代，这是太平洋可持续发展的一项重大挑战。除小岛屿国家外，太平洋地区还有澳大利亚和新西兰，由于其规模和发展状况及面临的挑战，澳大利亚和新西兰与该区域其他国家有很大不同。此外，这两个国家都是重要的捐助国，其发展援助计划支持其他太平洋国家，因此两国对政策的影响超出了本国的范围。

太平洋地区文化遗产的特点是人与自然之间的紧密联系，这主要表现在非物质文化遗产上，如传统知识、口头文化传统、表演艺术、仪式、节日活动及有关自然和宇宙的知识和实践。建成遗产往往是与自然和谐相处的乡土建筑（其特点是使用当地材料和知识），许多遗产地展示了人与自然环境的共存。这类遗产很脆弱，依赖于代际传承，尽管该次区域因受气候变化的影响面临着重大挑战，但直到最近，人们对文化在可持续发展中的作用的认识仍然有限。

动态区域文化政策的动力

尽管文化和文化习俗已经渗透到日常生活的许多方面，但在太平洋地区的许多地方，文化产业很难被视为一个需要治理的正式产业。除澳大利亚和新西兰外，只有约40%的太平洋岛国制定了文化政策（Pacific Community，2019）。但是，大多数国家目前正在制定这种政策，或作为独立的法律，或纳入其他部门政策。最近的这些努力是在区域层面进行的。太平洋地区有着悠久的区域合作传统，可以追溯到20世纪70年代创立太平洋艺术文化节。这种次区域办法旨在解决缺乏国家政策的问题，因为许多面临类似发展挑战的太平洋岛屿国家发现次区域动态支持了国家工作。

太平洋地区40%的联合国教科文组织成员国都有正在实施的文化政策。

基于该次区域各国应联手应对未来挑战（包括与和平、安全和经济发展有关的挑战）的长期信念，该次区域领导人于2004年通过了一项联合发展计划——《加强区域合作与一体化太平洋计划》（以下简称《太平洋计划》）。文化被列为可持续发展的支柱，这为次区域和国家在文化和发展方面的努力奠定了基础。2004年《太平洋计划》纳入文化后，第一个主要针对文化的次区域行动是制定区域战略《投资太平洋区域文化战略（2010～2020）》。该战略继续在太平洋文化政策方面发挥核心作用。该战略有四个优先事项：加强体制机制、跨部门文化主流化、文化生产和传播、资源调动。这些优先事项（尤其是第二个）表明太平洋地区文化现在如何牢固地定位为天然地与其他发展部门有联系。澳大利亚和新西兰在塑造、影响和支持太平洋次区域采取的战略方面发挥了强有力的作用，主要是通过发展援助和技术援助来实施的。尽管文化在两国发展援助政策中没有专门的内容，但两国的援助都是根据太平洋岛国制定的次区域战略来确定优先事项和行动的。因此，将文化纳入这些次区域的行为是一个信号，表明文化援助可能成为一个更突出的优先事项。

“

我们（太平洋地区领导人）珍视太平洋地区的多样性和遗产，并寻求一个包容的未来，使各种文化、传统和宗教信仰得到重视、尊重和发展。

——《太平洋区域主义框架》（2014）

对国家政策的涟漪效应

在次区域一级制定联合计划和战略方面取得的巨大进展也为推进各国的具体文化优先事项开辟了道路。在该次区域的大部分地区，文化机构与其他部门相比相对年轻，而且能力历来有限。然而对区域战略头五年执行情况的审查表明，大多数国家通过大幅增加工作人员和预算增强了机构能力。例如，在斐济，遗产和艺术部的预算在8年内（2008~2016年）增加了55%，该部同期工作人员从3人增加到22人（Pacific Community，2019）。第一项文化政策正在制定中。

自次区域战略通过以来，包括萨摩亚和所罗门群岛在内的地区的法律框架也得到了巩固。例如，在汤加，文化曾是教育部的一部分，但其本身并未被充分视为一个部门。然而，自2010年以来，该国制定了国家文化政策，将中央政府的文化工作人员从2人增加到8人，并在每个岛屿建立了文化协调委员会，负责物质和非物质文化遗产清单。汤加现在的目标是振兴国家博物馆，并希望在2020年前申请第一处世界遗产。

由于这些新政策框架提供了更有利的环境，本区域文化领域的民间社会组织也提高了能力。民间社会组织现在将在政策制定、分析和执行中发挥越来越重要的作用。此外，它们能在文化产业提供服务，缩小公共机构一级的部分能力差距。由于许多民间社会组织在卫生、性别或环境等可持续发展部门开展工作，这有助于将文化产业纳入其他领域。私营部门也在发挥作用。例如，在萨摩亚，萨摩亚小企业中心在2015年与太平洋共同体秘书处合作，为创意产业提供创业培训，涉及手工艺、视觉艺术和设计领域。

国际公约是国家政策的另一个灵感来源，太平洋国家越来越积极地加入联合国教科文组织文化公约，并将各种形式的遗产列入联合国教科文组织管理的名单和登记册。然而，各国对国际文化公约的兴趣仍然参差不齐。例如，只有萨摩亚、澳大利亚和新西兰加入了联合国教科文组织《保护和促进文化表现形式多样性公约》（2005）。然而，除澳大利亚、新西兰和纽埃外，太平洋地区其他国家都批准了2003年《保护非物质文化遗产公约》。许多国家的文化主管部门认为，遵守联合国教科文组织《世界遗产公约》（1972）等国际机制是促进国家在资金和能力建设方面对其部门提供支持的一种方式。图瓦卢和密克罗尼西亚认为最近加入《保护非物质文化遗产公约》（2003）是一个重要步骤，可以为本国保护文化遗产的努力赢得更多支持。

澳大利亚和新西兰拥有强有力的文化政策和方案，可以为太平洋地区的其他国家提供有益的指导，例如，在保护当地文化内容等具体措施方面，目前太平洋地区其他国家还没有如此完善的措施。与此同时，来自太平洋岛屿及世界其他地区的人口增长和移民对澳大利亚和新西兰在文化政策方面的国家需求构成了特殊挑战。两国都面临着在文化日益增长的多样性与支持、重视和保护长期被忽视的本土文化之间取得平衡的挑战。

然而，尽管在国家能力和机构框架方面取得了进展，但由于缺乏足够的定量和定性证据证明文化的经济和社会贡献，许多太平洋国家在国家层面上制定专门的政策受到了阻碍。这种情况正在逐步得到解决。在联合国教科文组织统计研究所的支持下，2011年召开了第一次区域文化统计会议，增强文化统计领域的能力。在欧盟的资助下，太平洋共同体秘书处还在斐济、基里巴斯、马绍尔群岛、瑙鲁、纽埃、帕劳、巴布亚新几内亚、汤加和图瓦卢开展了全面的文化测绘工作。在瓦努阿图可以看到对文化数据进行更多投资的积极影响，那里有一项包括文化在内的全国福利调查，导致该部门被置于该国国家可持续发展计划的核心。

2018年5月，太平洋地区的文化部长们达成共识，倡导在2030年前将国家拨款预算至少增加到国家预算的2%。

解决数据短缺问题还有助于将公共政策中的文化优先事项与保证适当资源联系起来，这仍然是一项重大挑战。据说，太平洋岛国用于文化的预算不到国家预算的1%。因此，2018年，该区域的文化部长们在次区域一级承诺，倡导在2030年前将给文化的拨款至少增加到国家预算的2%（Pacific Community，2018）。然而，为文化调动资源仍然是一个挑战，这往往是因为人们认为文化投资回报甚微，而且文化产业仍然非常依赖各种捐助者的项目资金，因为公共资金仍然很少。此外，分配给文化的捐助资金所占比例处于十多年来的最低水平。该次区域的供资趋势表明，加强与气候变化、抗灾能力、可持续农业、人权、两性平等等方面的联系将提高该部门从未指定用于文化产业的资金池中吸引所需资源的潜力。

文化扎根于《2030年议程》

该次区域文化政策的一个显著特点是，与世界其他区域相比，它们与可持续发展政策更加一致。这也在很大程度上归功于过去二十年来指导太平洋大部分地区多部门发展战略和计划的强有力的区域框架。《2030年议程》的通过是太平洋地区文化政策发展的一个里程碑，为采取更具战略性的文化和发展方法开辟了道路，包括在目前没有专门文化政策的国家实施相关内容。例如，库克群岛和斐济在接受可持续发展目标后采取了国家战略，将文化作为国家发展目标之一；纽埃和汤加都将文化指定为国家发展战略的重要内容。在促进可持续发展的背景下，一些太平洋国家主动在一些国际论坛及与区域合作有关的战略文件中倡导文化，帮助文化产业在区域发展议程中占据更重要的战略地位，这表明了对文化的重视。

然而，尽管最近在政策层面做出了上述努力，文化产业仍然在业务层面上相对孤立地工作。因此，将文化与其他发展部门联系起来的宏伟目标尚未完全实现。更系统地利用文化影响评估有助于提高文化在发展规划中的地位。在次区域层面，社会发展方案已开始开发进行这种评估的工具和准则，作为开发国家工具的基础。

气候变化的影响：复原力文化

太平洋次区域正面临着气候变化带来的一些最极端的后果，许多有人居住的岛屿有可能消失在海平面以下，此外还容易发生许多灾害风险。《太平洋地区弹性发展框架（2017～2030）》战略文件指导了根据可持续发展目标13（气候行动）应对这些挑战的努力，确认了文化对复原力的作用。把重点放在保护太平洋的文化和自然遗产，包括海洋遗产上，突出了该次区域在人、文化和环境之间的深厚联系。文化部门现在的目标是在这种密切联系的基础上倡导在减少灾害风险战略中提高文化意识，以及在全球、区域和国家各级提高文化意识。

太平洋地区文化和复原力之间最明显的联系体现在承认传统和原住民知识对可持续发展的作用。越来越多的方案、

> 新西兰的文化政策力求为新西兰、太平洋和世界保留、提升和促进原住民知识和文化习俗的价值。包含了太平洋岛屿民族和文化的精髓，并以太平洋概念为坚实基础。
>
> Tagata——以人为中心，为艺术家和艺术从业者提供适当的资源，以发展他们的实践并提供出色的工作。
>
> Vaka——支持艺术团体、集体和组织，帮助领导和发展奥特罗亚的太平洋艺术。.
>
> Va——一个创新和网络化的太平洋艺术环境，提升太平洋艺术水平，以获得未来的成功。
>
> Moana——在奥特罗亚（新西兰）、大洋洲和全球范围内建立有意义的联系，确保太平洋人民和艺术得到进一步充实。
>
> ——《新西兰太平洋艺术战略（2018～2023）》

倡议和项目旨在记录这一丰富的知识，作为确保制定和采用对文化敏感的政策和做法所需的证据和研究基础的一部分，从而将文化充分嵌入其他发展领域。例如，根据可持续发展目标2（消除饥饿），基里巴斯越来越多地利用传统知识来加强粮食安全。基里巴斯群岛上的许多村庄依赖食品进口，这使得食品价格昂贵，品种有限，而且往往不健康。为此，内政部文化和博物馆司与环境部及当地社区和从业人员合作，协助恢复传统的饮食方法，例如保存技术，以及重新种植树木和作物，使村庄更加自力更生。反过来，根据可持续发展目标12（负责任的消费和生产），部分产品也用于当地工艺生产。另外，新西兰的一项新政策也强调了地方、本土知识和传统的重要性，并以对毛利文化和语言的日益认可为指导。

此外，太平洋次区域通过可持续发展目标13（气候行动），在全球层面倡导文化在减少灾害风险规划中的作用，在全球范围内一直处于领先地位。2012年，萨摩亚是第一批在埃文气旋后将文化纳入多部门灾后需求评估（PDNA）的国家之一。此后，这一方法在整个次区域得到了复制，包括瓦努阿图的帕姆气旋（2015）和斐济的温斯顿气旋（2016）。在这些灾难发生后，文化小组被动员起来评估文化产业的损失，然后与其他产业的调查结果结合起来。这一做法在世界范围内树立了榜样，越来越多的灾后需求评估报告涉及文化产业，联合国教科文组织也加大了参与此类活动的力度和能力。参与这些行动也有助于将文化产业纳入受影响国家的可持续发展方案。例如，在斐济进行灾后需求评估之后，根据可持续发展目标13，被列入联合国教科文组织《世界遗产名录》的历史港口莱武卡遗址获得了资金，并加强了风险防备规划和环境意识政策。

将太平洋文化带向全世界

文化也有助于促进太平洋国家的经济发展，许多太平洋国家由于地理上的孤立而落后。尽管文化和创意产业是次区域文化战略的优先事项之一，但其重点很少放在经济方面，尽管有一些明显的例外，例如，纽埃的国家战略是让妇女和青年加入文化产业，以此来推动妇女和青年的经济赋权，以符合可持续发展目标5（性别平等）和10（减少不平等）。文化和创意产业以及各种形式的艺术表现长期以来一直很受欢迎，但主要迎合了当地公众的需求，因此仍然是较为次要的经济增长部门。同样，对于作为太平洋地区主要收入来源的旅游部门来说，文化层面往往没有得到充分重视。文化产业经济潜力增长的动力再次来自次区域一级。南太平洋旅游组织（SPTO）的《2015～2019年太平洋区域旅游战略》将文化确定为吸引游客的主要动力之一。由于旅游业被世界银行（World Bank，2016）列为太平洋大部分地区唯一可行的经济部门之一，该产业越来越多地依靠文化来扩大可持续发展机会。

根据可持续发展目标8（体面工作），开发依赖当地文化内容的旅游产品（而不是目前占主导地位的邮轮和度假旅游业）也为该区域的旅游市场提供了新的和多样化的商品，给当地居民带来了好处。近年来，除了手工艺品，当代艺术也在旅游市场上大受欢迎。太平洋国家正在增加地方和国家级的世界遗产地和保护地的数量，吸引游客探索海滩以外的岛屿。旅游业是这些地点管理和可持续发展的核心组成部分，因此是当地社区收入和生计及政府收入的重要来源。

太平洋艺术节（The Festival of Pacific Arts, FestPac）是海洋文化最大的集会，自1972年以来每年都举行，设立的目的是防止该分区域传统艺术和文化受到侵蚀。区域一级的合作仍然推动着文化政策的制定。在所罗门群岛，2012年的太平洋艺术和文化节是一个里程碑，它强调了文化和艺术在重建民族自豪感方面的重要性，以及在长期的社会动荡中对经济产生负面影响后推动旅游业发展的重要性，从而重振了该国的发展。该节日引发了一系列积极的政策发展。第二年，所罗门群岛通过了第一项以文化产业和文化旅游为重点的国家文化政策，这反过来又使全国各地组织的文化活动大幅增加。此外，这促使成立了越来越多的艺术和文化协会，加强了部际合作，并计划成立国家艺术和遗产委员会。

尽管如此，在整个次区域，由于缺乏投资或财政激励、立法过时和基础设施不足，文化产业仍然受到阻碍。进一步加强私营部门和民间社会组织的作用可能有助于解决其中一些缺点。将文化更全面地纳入区域战略的监测、评估和学习框架，以便更好地记录文化对可持续发展的作用，这将是通过发展援助方案更好地支持文化产业的方法之一。

展望未来 LOOKING AHEAD

与世界其他地区相比，太平洋次区域的文化政策已经深深植根于更广泛的公共政策，并与其他可持续发展领域相联系。在次区域努力的引领下，国家政策和战略往往注重传统技能和知识，将其作为太平洋岛屿国家狭窄经济市场的经济增长载体，例如通过文化旅游促进经济发展。面对威胁了该次区域的气候变化带来的日益加剧的影响，近年来取得的重大进展也为发展更可持续和更有复原力的社区奠定了基础。太平洋地区已经提供了文化在应对灾害政策中作用的明确例证，特别是在灾后需求评估中的作用，以确保社会有更大的复原力。太平洋地区目前面临的挑战是通过提高文化产业的能力以及增加数据和资源来实施战略，但这些都仍然有限。

HIGHLIGHTS 亮点

○ 该区域丰富的多样性及其非凡的自然遗产构成了文化总体方针的基础，它将文化的有形和无形层面联系起来，并反映了人与环境的联系。

○ 文化政策在历史上出现于后殖民时代，出于重新利用文化价值观和国家建设的精神，而关于文化财产和国家身份的新讨论为重新开展国际对话开辟了道路。

○ 虽然手工艺仍然是促进就业和增强社会凝聚力的重要领域，但创意经济具有促进就业和创业的巨大潜力，特别是妇女和青年的就业和创业能力，而且人们对公共政策越来越感兴趣。

○ 非洲联盟的《2063 年议程》和联合国的《2030 年议程》为文化更好地融入更广泛的公共政策提供了互补的机会，包括应对快速城市化、适应气候变化和日益严重的不平等的挑战。

○ 文化艺术教育和该区域文化价值观（尤其是对子孙后代的责任）的提升，有可能成为促进和平文化和区域发展模式而出现的杠杆。

7 非洲

安哥拉 · 贝宁 · 博茨瓦纳 · 布基纳法索 · 布隆迪 · 佛得角 · 喀麦隆 ·
中非 · 乍得 · 科摩罗 · 刚果（布）· 科特迪瓦 · 刚果（金）· 吉布提 ·
赤道几内亚 · 厄立特里亚 · 埃斯瓦蒂尼 · 埃塞俄比亚 · 加蓬 ·
冈比亚 · 加纳 · 几内亚 · 几内亚比绍 · 肯尼亚 · 莱索托 · 利比里亚 ·
马达加斯加 · 马拉维 · 马里 · 毛里求斯 · 莫桑比克 · 纳米比亚 ·
尼日尔 · 尼日利亚 · 卢旺达 · 圣多美和普林西比 · 塞内加尔 ·
塞舌尔 · 塞拉利昂 · 索马里 · 南非 · 南苏丹 · 多哥 ·
乌干达 · 坦桑尼亚 · 赞比亚 · 津巴布韦

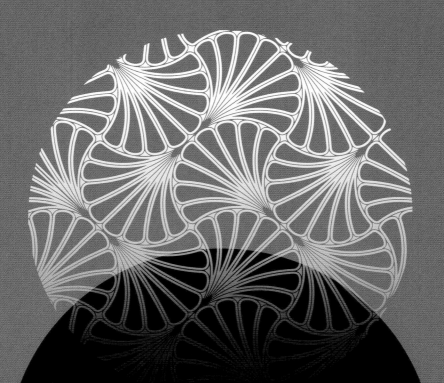

多样性和脆弱性：反思挑战

非洲丰富的文化景观是由整个非洲大陆的迁入和迁出历史（特别是商业路线和历代王国）及殖民时期的遗产塑造的，殖民时期留下了重要的经济、社会和空间印记。撒哈拉以南非洲47个国家形成了一个地理空间和语言实体，反映了该区域的历史，具有特定的文化特征及经济交流和人口流动特征。从沙漠地区到热带森林，各种各样的气候区是该区域杰出的生物多样性家园，这也是文化多样性和当地知识的基础。非洲14%的土地和2.6%的海洋在国际层面上受到保护，包括世界遗产地和生物圈保护区，这凸显了这些资产对维持全球生态系统的重要性（IPBES，2018）。虽然非洲碳排放在全球碳排放中占的比例远低于世界其他地区所占比例，但非洲面临的气候变化和灾害的影响却越来越大。

> 喀麦隆的妇女有很多责任，例如照顾家庭，有时甚至帮助养家。然而，她们没有自由表达自己的权利，因为这在文化上是难以令人接受的。所以，通过让女性有机会用艺术表达自己，我们明白我们做的就是试图用文化来改变文化。
>
> ——阿德·阿德琳·莫弗涅·恩戴女士，喀麦隆积极残疾妇女协会主席

非洲人口预计将从2018年的12.88亿增加到2030年的17.04亿，2050年可能达到25.28亿。这一人口增长趋势将对很大一部分人口赖以生存的人类居住区、环境和自然资源带来更大压力（United Nations，2018）。尽管过去十年来经济持续增长，但该区域的贫困率仍然居高不下（48%的人口生活在赤贫之中），每四个人中就有一个人受到粮食匮乏的影响（United Nations，2015）。尽管非洲仍然是世界上城市化程度最低的地区，平均城市人口占总人口的43%。但自21世纪初以来，非洲经历了一场城市革命，城市发展速度位居世界前列。预计到2035年，非洲大陆的城市化率将达到50%（United Nations，2018）。不断发展的城市面临着严峻的挑战，包括广泛存在的非正规居住区、支持城市发展的基础设施薄弱以及失业与缺乏基本服务。该区域的特点是社会、教育和文化不平等，特别是由城乡差距及空间和社会隔离模式造成的问题，其中一些是殖民时期遗留下来的问题。持久的不平等加上脆弱的治理结构和对自然资源的争夺，使得该区域的许多地方容易发生冲突。

农业仍然是非洲2/3人口的主要生计来源，经济仍然严重依赖自然环境衍生的商品和服务（African Development，2013）。因此，环境资源的可持续管理和更强的城乡联系对更具包容性的发展道路、促进经济多样化和帮助实现《2030年议程》中的其他人类发展目标至关重要。在一个超过60%的人口年龄在30岁以下、面临高失业率的地区，满足青年人的需求和促进两性平等

将尤为重要（United Nations，2015）。在这方面，该区域具有的文化和自然多样性是激励更多以人为本、以地方为基础的发展战略的关键资产。这一观点为该区域文化政策的作用提供了新的视角。

从支持解放到促进多样性：文化政策的轨迹

非洲的文化政策源于该区域的殖民历史和新独立国家发展基于欣赏当地文化的国家认同的需要，而当地文化在殖民时期是被否定的。对许多国家来说，在复杂的遗产中找到一种建立国家认同和充分重视文化习俗的方法是一项挑战。因此，早期文化政策的重点深深植根于殖民时期之前的文化和历史参考，包括非物质文化遗产。在独立后的最初几十年里，与殖民历史相关的历史遗产和当代创作受到的关注较少。应对这些具体挑战是本区域文化政策及其与其他发展领域相联系的核心所在。

尽管独立后文化产业发挥了重要的象征作用，但该区域大多数国家尚未有充分接受文化政策和立法的潜力。再加上文化产业的政策优先等级较低，导致对文化政策采取相当标准化的做法，这既不能充分满足文化产业的需要，也不能充分发挥其潜力。今天，约有40%的国家没有正式的文化政策；在有政策的地方，政策与执行之间也往往存在差距。这不仅是由于缺乏资源，也是由于复杂的政治、社会和经济问题（UNESCO，OCPA，2019）。

国家层面的政策和方案正在逐步改善，特别是得到了文化产业结构化及区域和国际合作的支持。文化政策可以大致分为两类，这两类在今天的非洲同时存在。“第一代”文化政策往往孤立地对待文化产业，没有与其他产业联系起来。这种政策往往是标准化的，缺乏强大的概念框架及实施战略和文件。相比之下，“第二代”文化政策更加强调文化多样性，并依靠更广泛的接触文化的方法，包括非物质文化遗产和创意经济。这些政策将文化与国家发展计划更紧密地联系起来。各个次区域的文化政策在范围上有所不同，非洲东部和非洲南部更明确地强调解放运动，而非洲西部和非洲中部则更注重文化产业的治理和社会经济发展。

将文化置于非洲复兴的核心

区域动态有力地推动了国家文化政策的进步。早期，独立后的文化政策通常在泛非洲的层面通过区域性活动开展，如政府间非洲文化政策会议（1975）和拉各斯艺术文化节（1977），或通过区域性、以文化为导向的政策文件开展，如《泛非文化宣言》（1969）、《非洲文化宪章》（1976）或最近的《非洲文化复兴宪章》（2006）。由于这些早期的努力，文化已成为区域发展计划的一个重点关注领域，特别是2013年通过的非洲联盟《2063年议程》，该议程已成为推动文化在非洲发展政策中发挥作用的主要平台。

《2063年议程》在其七个“愿望”或总体目标中，设想了“一个具有强烈文化特性、共同遗产、共同价值观和道德观的非洲”，其基础是“泛非主义和共同的历史、命运、特性、遗产、对非洲人民及其侨民的宗教多样性和意识的尊重”。文件指出，“非洲文化复兴是最重要的”，并建议“灌输泛非主义精神”；挖掘非洲丰富的遗产和文化，确保创意艺术成为非洲增长和转型的主要贡献者；恢复和保护非洲的文化遗产，包括其语言。

越来越多活跃在文化领域的区域组织也有助于推动国家在这个领域的进展。其中包括非洲文化政策观察站，这是一个泛非洲的非政府组织，支持非洲国家制定、执行和监测文化政策。越来越多的专业文化协会也活跃在整个区域，包括Arterial网络和非洲文化政策网络，它们特别注重发展创意产业、保护民间社会和言论自由。更为专业的区域实体也在向文化机构和专业人员提供技术援助，支持能力建设，促进文化概念和文件的传播，其中包括位于贝宁诺沃港的非洲遗产学校和位于肯尼亚内罗毕的非洲博物馆国际理事会。

文化领域的国际公约也指导了该区域国家的政策发展，为制定国家政策和立法提供了灵感。然而，尽管该区域的国家几乎普遍加入了《世界遗产公约》（1972），但联合国教科文组织《世界遗产名录》中的非洲遗产仍然不足，特别是在文化遗产方面，尽管该区域对遗产保护的兴趣有所提升，但入选的96个非洲遗产仅占世界遗产的8.6%。加入联合国教科文组织《保护非物质文化遗产公约》（2003）和《保护和促进文化表现形式多样性公约》（2005）的国家也很多，前者有42个非洲缔约国，后者有38个，这两项公约在该区域都受到了极大的关注。与此同时，联合国教科文组织《关于采取措施禁止并防止文化财产非法进出口和所有权非法转让公约》（1970）逐渐引起了更大兴趣，有30个缔约国。

同样，国际合作也是文化政策的有力杠杆，特别是在文化公共资金有限的情况下。鉴于多方面的发展挑战，该区域是全世界大多数官方发展援助资金的优先受益者，特别是通过双边和多边合作。虽然文化很少成为官方发展援助的优先事项，但它往往是城市发展、教育、社会包容等其他政策领域的组成部分。非洲成员也是联合国教科文组织根据文化公约和方案提供的财政和技术援助机制的主要受益者，包括为在联合国教科文组织管理的登记册和名单上登记要素及能力建设提供筹备援助。例如，该区域自2008年以来从联合国教科文组织非物质文化遗产基金获得了约58%的国际援助，主要针对保护活动，包括以社区为基础的非物质文化遗产实践的清查。

通过创意和传统重新对话

创意经济是该区域一个新兴的有前途的产业，关注这一方面的公共政策越来越多。2017年，非洲和中东地区的文化创意产业预计带来了490亿美元收入和200万个就业岗位。尽管产值在GDP中所占份额仍然有限，但创意产业在迅速成长，为促进社会凝聚力、言论自由和创造就业机会——特别是女性就业和创业——提供了巨大的潜力。在创意产业中，电影、音乐和视听设备行业的就业人数最多，分别为49万、42.5万和35.3万。在布基纳法索、马达加斯加、马里等国家，包括非正规部门，手工业提供了很大一部分就业岗位。数字革命也为艺术家、创作者和文化企业家提供了新的机会。像达喀尔（塞内加尔）这样的媒体艺术创意城市越来越强调数字技术对可持续发展的潜力（AFD，EY，2018）。

文化政策现在开始以更全面的方式促进创意部门发展，例如坦桑尼亚、尼日尔和布基纳法索为发展文化和创意产业制定专门的战略；或者如尼日利亚的电影或南非的视觉艺术针对特定领域制定战略。这种日益增长的兴趣刺激了次区域和区域政策的发展，这体现在2016年由东非共同体通过的《文化和创意产业区域法》。然而，除了这些成功案例，在大多数国家，该部门面临着生产和销售能力低下，以及知识产权保护的法律框架薄弱的问题。尽管对本土文化内容的需求日益增长（主要是由于城市中产阶级的不断壮大），但市场仍然受到全球化消费方式和进口产品的强烈影响。总体而言，性别平等和妇女参与、数字环境和人工智能的挑战是该区

在布基纳法索，近2.8%的工作人口（17万）登记在文化和创意产业（包括手工艺）工作，他们的收入占GDP的3%以上；而在尼日利亚，有近30万人在电影业就业，其收入占GDP的2%（UNESCO，2014）。

域政策讨论中日益引人关注的两个问题。多个论坛都讨论了确保更多女性艺术家、创作者和制片人参与进来的需求，包括在2019年布基纳法索瓦加杜古举行的泛非电影和电视节（FESPACO）。

> 东非共同体于2016年通过了《文化和创意产业区域法》，以支持次区域内创意部门的扩展。该政策的制定得到了肯尼亚的积极支持。作为一个具有法律约束力的法律和制度框架，该法有望促进文化产品和服务的流通及艺术家的流动，同时也支持文化利益相关者的联网及能力建设。
>
> UNESCO，OCPA（2019）

中央政府以外的伙伴越来越多地参与执行文化政策则是另一个重要趋势。过去几十年来，随着整个非洲大陆推进权力下放，地方当局越来越多地参与保护文化遗产或支持创意部门。同样，在新一代创意领域企业家的支持下，民间社会组织在文化领域越来越活跃，为社区参与和更新政府与公民之间的关系提供了舞台。地方利益攸关方的重要性上升，有助于制定更具包容性的文化政策，并加强与其他政策领域的联系。

该区域新出现的政策讨论中有关归还非洲遗产的讨论前所未有的激烈，主要是因为非洲、欧洲和北美的学术界和专业界对这一问题感兴趣，因为那里存放了许多文化财产。这一讨论在未来几年可能会扩大，以贝宁、赞比亚等一些国家为例，这些国家已正式要求归还本国文物。虽然与保护有关的复杂问题有待解决，但这场辩论的重点在于让人们接触文化遗产，并增加文化遗产对包容和教育的潜在贡献。更广泛地说，这种讨论可以成为加强伙伴关系的基础，包括机构升级、文化教育或跨文化对话，从而发展不同地区之间的文化外交。

文化与《2030年议程》：新路径

《2030年议程》和《2063年议程》为将文化更有力地融入可持续发展讨论和政策提供了契机。就目前而言，文化产业可持续发展的大部分潜力仍未完全发挥，文化产业继续与其他政策领域相对隔绝。此外，获取文化数据（尤其是描述文化对其他发展目标的贡献）在整个地区尤其具有挑战性，也是进一步政策整合的主要障碍。布基纳法索、埃斯瓦蒂尼、加纳、马里、纳米比亚等几个国家致力于制定文化指标和衡量系统，特别是作为联合国教科文组织文化促进

发展指标的一部分，一些国家表示有兴趣推进最近制定的“联合国教科文组织文化|2030专题指标”。

尽管如此，此区域还是取得了一些积极进展。马里为塑造文化在《2030年议程》中的地位发挥了关键作用，特别是通过主办关于文化与发展的国家对话为该区域开辟了道路。自2015年以来，贝宁、布基纳法索、喀麦隆、刚果（布）、冈比亚、尼日尔、纳米比亚、马拉维、卢旺达等国家已将文化纳入国家社会经济发展计划或减贫战略，一些国家已将文化政策和方案纳入《2030年议程》的自愿国别评估。与此同时，过去三年通过的文化政策，特别是布基纳法索和莫桑比克的文化政策，表明《2030年议程》与《2063年议程》的目标明显融合。

利用文化来推动整个地区进一步的教育目标（可持续发展目标4）是一项重要的工作，但仍未充分探索。尽管整个非洲大陆的青年人数激增且青年失业问题尤其严峻，但很少有教育或文化政策优先考虑文化和艺术教育（可持续发展目标8）。艺术教育能使青年重视当地文化和遗产，为扩大创意产业奠定基础，抵消全球化文化产品的强大影响。同样，更加强调非物质遗产的传承不仅能增进对非物质价值和技能的尊重，还能作为教育工具帮助重新建立社区和正规教育系统，特别是原住民的语言。加大对文化教育的投资也可以提高对文化多样性的认识，有助于和平建设及加强区域一体化。

在埃塞俄比亚，游客数量在2010年至2017年间翻了一番，达到93.3万人，旅游业正在对该国经济产生影响（WTO，2017）。

缓解冲突和和平建设（可持续发展目标16）是文化可以在一个仍然特别受危机和动荡影响的区域发挥作用的另一个领域。冲突直接影响着文化产业。《世界濒危遗产名录》中30%的遗产地位于非洲，非洲主要面临冲突、快速的社会转型、城市发展和不可持续的环境管理带来的综合挑战。边境管制不足和缺乏立法使得许多地方便于非法贩运可移动遗产。对于正在经历冲突或刚刚摆脱暴力危机的非洲国家来说，文化有助于重建社会结构，增加信任和对话。因此，该区域的非物质文化遗产为解决冲突和社会调解提供了大量尚未开发的财富。该区域最近通过的文化政策越来越强调促进和平文化和社会凝聚力的重要性。例如，刚果（布）、科特迪瓦、刚果（金）、厄立特里亚、埃塞俄比亚、马里、尼日尔、卢旺达、索马里等国家都利用文化和纪念活动来处理战争和暴力带来的后果。2019年，在安哥拉主办的“罗安达双年展：泛非和平文化论坛”表明，根据可持续发展目标16，关于建设和平努力的区域讨论越来越多，讨论的问题包括与文化有关的暴力预防和冲突解决，难民、回返者、流离失所者和移民的融合，以及非洲侨民在促进文化交流方面的作用。

非洲比其他地区更容易受到气候变化和灾害的影响，因此将气候变化和灾害管理纳入整个政策领域将是将文化纳入可持续发展道路的关键。然而与灾害风险管理或减缓和适应气候变化有关的文化政策仍然很少。保护自然和文化遗产有助于建立复原力，利用传统遗产系统也是如此。从这一角度来看，联合国教科文组织非洲世界遗产基金在过去几年中更加努力，支持国家合作伙伴根据可持续发展目标13（气候行动）制定计划和战略，加强本区域世界遗产的风险管理和复原力。

> 作为文化发展倡议的一部分，科特迪瓦政府创办了全国学校艺术和文化节（FENACMIS），以宣传艺术、文化、社会凝聚力，并创造就业机会。今天，这个节日已经成为民族和解背景下促进和平的工具。
>
> UNESCO, OCPA（2019）

文化旅游的发展为文化、地方经济发展和可持续发展之间的进一步联系提供了另一条途径。虽然非洲的旅游业仍然以自然遗产为主，但文化旅游是一个不断增长的市场。其增长是由文化遗产——特别是世界遗产——推动的，但也有手工业部门和越来越受欢迎的国家或地区文化活动的推动。其中包括塞内加尔的达喀尔当代艺术双年展、马里的巴马科摄影双年展、布基纳法索的瓦加杜古泛非电影和电视节、南非的德班国际电影节以及刚果（布）的布拉柴维尔泛非音乐节。在文化政策中进一步利用这种潜力将是一项重要的工作。但是，非洲许多地区缺乏基础设施及政治不稳定阻碍了旅游业的增长。

基于文化的发展方法对根据可持续发展目标11（可持续发展的城市和社区）应对可持续城市化的挑战也是至关重要的，在该区域尤为重要。在非洲城市的文化遗产面临越来越大的压力从而导致退化或破坏的情况下，将文化纳入城市战略不仅对保护建成文化遗产，而且对保护社区公认的无形实践和价值至关重要。由于该区域城市的特点是最近的人口城市化和严重的不平等，文化也有助于建立归属感和促进交流。创意产业以人为中心，整个区域的文化和创意产业的扩张也可能促进城市更新。需要进一步努力将创意产业与城市政策结合起来，以促进就业、增强地方特征和促进社会包容，特别是对青年而言。联合国教科文组织创意城市网络最近在该区域的发展证明了这一兴趣的增加。该网络目前有9个非洲城市，主要为各国的手工艺与民间艺术之都、音乐之都、文学之都和媒体艺术之都。

展望未来 LOOKING AHEAD

非洲的文化多样性反映了其定居和迁徙的历史，加上杰出的自然和文化遗产，为采取具体、全面的文化方法奠定了基础，将有形和无形的组成部分结合起来，强调人与环境之间的深刻关系。文化政策历来植根于殖民时代后的国家建设工作，并得到泛非主义的支持，现在正逐渐纳入这种系统的文化方法，并加强其在国家政策议程中的地位。鉴于该区域面临的发展挑战，包括特别易受气候变化、城市增长范围、社会不平等和青年失业的影响，以及冲突的严重性，文化政策可以通过加强与其他政策领域的联系做出战略贡献。现在有越来越多的国家发展计划将文化作为变革的主要杠杆，反映了这种日益增长的认识和政策转变。这得到了区域支持，特别是《2063年议程》的大力支持。

亮点 HIGHLIGHTS

- 文化被置于新独立国家公共政策的核心，作为国家建设的工具，利用该区域丰富的文化遗产和文学、书法、艺术、音乐和知识等传统。

- 该区域最近的社会政治变化正在逐步打开与民间社会更多合作的途径，并为艺术家创造更多空间来发展文化表现形式，特别是通过电影。

- 区域组织为在国际层面更好地定位阿拉伯文化的新趋势提供了平台。

- 虽然目前公共政策很少将文化与可持续发展联系起来，但利用文化塑造“未来公民”的区域传统有助于促进跨文化对话，包括通过世界阿拉伯文日带来的创新讨论。

- 非物质文化遗产通过多国申请为区域合作开辟了新的机遇，传统知识也可用于适应气候变化。

8 阿拉伯国家

阿尔及利亚 · 巴林 · 埃及 · 伊拉克 · 约旦 · 科威特 ·
黎巴嫩 · 利比亚 · 毛里塔尼亚 · 摩洛哥 · 阿曼 ·
巴勒斯坦 · 卡塔尔 · 沙特阿拉伯 ·
苏丹 · 叙利亚 · 突尼斯 ·
阿联酋 · 也门

阿拉伯文化弥合历史上的城乡差距

阿拉伯国家由肥沃的海岸、大片的沙漠和半干旱地带组成，地理和气候使它成为一个非常多样化的地方，通常由大致四个比较相似的次区域构成：马格里布、尼罗河流域、新月沃地和阿拉伯半岛。该区域地域辽阔，通过阿拉伯语和占主导地位的伊斯兰教实现了文化上的统一，这两者都对该区域的文化传统产生了重要影响。

该区域古老的城市中心长期以来一直是艺术、文学和建筑传统的核心，而农村、沙漠地区则是游牧民族及其传统文化表现形式的历史家园。自20世纪50年代以来，沿海土地的快速城市化进一步拓宽了沿海和内陆地区之间的历史鸿沟，造成了严重的不平等。阿拉伯国家因其地理位置经常处于重大历史发展、历代帝国和重要贸易路线的中心。由此产生的历史层次反映了阿拉伯和奥斯曼帝国的征服，以及殖民地和保护国体现的西方存在，直到今天作为全球化贸易中心的地位，塑造了该区域的文化。阿拉伯知识、文化和语言的扩张影响也远远超出该区域，包括科学、诗歌、文学和书法领域。

由于大量青年人越来越多地接触信息技术和媒体，他们越来越有能力表达自己的愿望，该区域正在迅速发生变化，文化产业也在适应这种变化。始于2011年的“阿拉伯之春”标志着该区域某些地区出现了重大政治变革、冲突和不稳定。这些趋势因不平等、贫穷加剧及大量难民和国内人口流离失所而进一步恶化。近年来，整个地区的各种冲突也大大影响了各种形式的文化。

嵌入公共政策的文化

长期以来，文化一直是该区域公共政策的重要组成部分。独立后不久，阿拉伯国家的政策关注文化在创造身份认同和促进团结方面的作用。它们几乎不是独立的文化政策，而是广泛国家政策中的一部分。在国家和地区层面，这些政策都优先保护文化遗产，主要是有纪念意义和可移动的遗产，以及促进文学和传统艺术发展。这一点最明显的表现方式之一是许多由国家主办的节日具有国际影响力。这一最初的政策重点反映了阿拉伯文化政策中的历史性城乡划分，这些政策倾向于优先考虑城市，特别是首都城市。

今天，该区域的文化政策分散在大量法律条文中。最高一级是该区域所有国家的宪法都提到了文化，强调了文化对国家建设的重要性。区域组织通过于1970年和1973年成立的阿拉伯联盟教育、文化和科学组织（ALECSO,简称“阿拉伯教文科组织”）和伊斯兰教科文组织（ISESCO）在促进合作方面发挥作用。这些组织促进讨论和倡导政策方向，例如，最近强调文化权利的概念，包括宗教自由、言论自由、新闻自由和性别平等的权利。文化部长们通过阿拉伯教文科组织出台的《阿拉伯扫盲十年（2015～2024）》和《阿拉伯文化权利十年（2018～2027）》，也是一个例证。在缺乏正式区域文化政策的情况下，联合国教科文组织的文化公约，特别是《世界遗产公约》（1972）、《保护非物质文化遗产公约》（2003）和《保护和促进文化表现形式多样性公约》（2005）发挥了框架作用，确保对整个区域的国家政策和法律采取某种一致的做法。

在阿拉伯国家，国家在文化政策制定和实施中的作用尤其强大。通过集中化模式，公众对文化产业的参与有时也通过公共资助的文化机构网络扩展到全国，例如突尼斯。中央政府大力支持国家文化机构，有时甚至直接管理这些机构。例如，开罗歌剧院和博物馆（埃及）、阿尔及尔歌剧院（阿尔及利亚）、突尼斯的巴尔多博物馆（突尼斯）、巴格达博物馆（伊拉克）和多哈的卡塔尔国家博物馆（卡塔尔）。事实上，该区域博物馆的发展特别好，例如巴林、埃及、沙特阿拉伯和阿联酋。就后者而言，这在一定程度上要归功于联合国教科文组织对建设埃及文明国家博物馆的支持，进一步推进了始于20世纪60年代的保护运动，如联合国教科文组织倡导的保护阿布辛贝神庙运动。

然而，结果往往是对文化产业采取一种相当标准化的方法，其中公共部门往往是在相对孤立的情况下工作的。传统上，文化部和其他公共机构或部门侧重于某些领域，如考古、历史和传统物质遗产的管理，这些具体的领域体现到了国家法律上。版权是绝大多数国家的法律都包含的少数其他领域之一。在该区域的一些国家，文化管理往往是由负责文物的部门（历史上主要是考古和建筑遗产）和管理其他文化方面的文化部共同承担。这种责任分配反映了本区域文化政策的早期重点。

> ……相信文化和知识的统一是阿拉伯团结的主要基础；保护阿拉伯遗产，将其传给下一代并不断加以更新，是阿拉伯民族团结的保证，也是其在人类文明和基于正义、自由和平等原则的普遍和平领域发挥主导作用的能力……
>
> ——《阿拉伯文化统一宪章》（1964）

文化政策的逐步多样化

然而，近几年来，文化政策的方法有所扩展，即便集中化的、以国家为中心的模式仍占主导地位。从20世纪70年代起，该区域逐渐开始向超越国界的文化开放，包括阿拉伯文化和国际文化，这带来了不同的艺术和文学表达方式，例如国际节日。另外在20世纪80年代，受西方和埃及文化的启发，电影、音乐、电视节目等文化产品开始产生重大影响。最近，包括黎巴嫩、摩洛哥和突尼斯在内的少数国家通过了关于艺术地位和文化产业工人社会保护的立法。

目前，由于并不总是有精确的数据，我们很难对该区域的文化产业做出明确的描述。国家层面的部分原因是文化决策数据（包括与预算有关的数据）分散在不同部门，包括与旅游、青年、性别平等和遗产有关的产业。此外，许多文化活动仍然是非正规经济的一部分。另一个障碍是，私营部门对文化和创意产业的参与还没有通过能够反映其真实影响的分析被充分记录下来。

然而，该区域出现了一些关键趋势。第一个例子是对非物质文化遗产的兴趣增加，这始于20世纪90年代联合国教科文组织的“人类活瑰宝”体系。该区域对文化遗产的重视程度一直很高，当地国家几乎都加入了联合国教科文组织《世界遗产公约》（1972）就说明了这一点，而且最早申遗的一些世界遗产也在该区域。然而，非物质文化遗产提供了展示独特的阿拉伯视角的新机会，这与促进展现国家和区域特征的总体政策目标相呼应。随着阿拉伯国家几乎都加入了联合国教科文组织《保护非物质文化遗产公约》（2003），近年来越来越多当地非物质文化遗产被列入联合国教科文组织的非物质文化遗产名录。此外，这种对非物质文化遗产保护的强调扩大了文化政策的范围，纳入了传播和当地能力建设等问题。这种做法有可能促进社会获得更大程度的包容性，特别是纠正城乡人口之间的不平等，即使联合国教科文组织《保护非物质文化遗产公约》在整个区域的执行仍然不平衡。

> 文化权利得到保障。创造性表达的自由得到保障。国家鼓励文化创造，支持民族文化的多样性和复兴，促进包容性、反对暴力、对不同文化开放和跨文明对话的价值观。国家应保护文化遗产，并为子孙后代提供保障。
>
> ——《突尼斯宪法》(2014)

重心逐渐转移：旅游、创意经济和国际影响力

文化政策的第二个重大变化是越来越重视文化的经济潜力，这反映在一些国家最近采取的政策方法上。文化越来越被视为通过旅游业间接促进经济发展的方式，阿布扎比（阿联酋）卢浮宫博物馆等项目就证明了这一点，该博物馆正在吸引新的游客群体来到该区域。阿联酋在文化方面进行了大量投资，特别是在沙迦和阿布扎比。这些战略也反映了对文化在塑造当代城市形象中的作用的理解，即使文化外交很少是既定目标。此外，二十多年来，沙迦通过“联合国教科文组织—沙迦阿拉伯文化奖”一直在为促进文化对话和振兴阿拉伯文化做出贡献。2020年，沙迦举办了阿拉伯世界的第一个世博会，有超过180个国家参展，展示它们在“沟通思想，创造未来”的主题下的最佳创新和文化。阿曼、沙特阿拉伯等其他一些国家也投资手工业，把手工业作为可持续的收入来源，这有时也与国家旅游战略有关。

> 艺术对任何文化都至关重要。
> 艺术有助于建立社区。
> 我们应该让它遍地开花。
> ——海法亚·曼苏尔
> 沙特阿拉伯电影导演

近年来，文化和创意产业也获得了关注，尽管它们目前对经济的贡献仍然有限。为了解决这一问题，阿尔及利亚、黎巴嫩、摩洛哥、叙利亚、突尼斯等国已将税收立法作为文化法律的一部分，其中包括为文化创业提供税收优惠。文化“集群”通常产生于某一特定学科蓬勃发展的地方。例如，电影（埃及）、戏剧（埃及、黎巴嫩、叙利亚、突尼斯）、诗歌（伊拉克、毛里塔尼亚、沙特阿拉伯）和视觉艺术（埃及、伊拉克、摩洛哥、突尼斯）。其他的发展包括增大对文化领域初创企业的支持，例如为这类年轻企业提供空间。越来越多的双边协议也有可能激发该产业的经济潜力，例如，促进艺术家的流动，因为该区域长期以来一直投资高知名度的音乐、电影和戏剧博览会和节日。与世界其他地方一样，阿拉伯国家的艺术家流动在签证和其他要求方面仍然很复杂。

阿拉伯世界的电影越来越受欢迎，特别是埃及、巴勒斯坦和黎巴嫩的电影越来越吸引国内和国际观众，在经济上也越来越强大。新一代电影人正在利用电影的力量来塑造一个表达民族身份和文化的新叙事。其中包括越来越多的女性制片人和导演。2019年，来自阿拉伯国家的电影在主要国际电影节上首映的数量创下纪录，并获得了前所未有的赞誉。至关重要的是，除了1976年成

立的开罗国际电影节（埃及），在阿拉伯国家举办的展示该区域电影的电影节也越来越多，如在科威特城（科威特）、贝鲁特（黎巴嫩）、马拉喀什（摩洛哥）、马斯喀特（阿曼）、多哈（卡塔尔）和迪拜（阿联酋）。在资金和发行渠道方面进一步支持电影制作人，将有助于实现可持续发展目标8（体面的工作），并加强可持续发展目标16（跨文化对话）。

文化、民间社会和私营部门

另一个重大转变是，根据可持续发展目标17（伙伴关系），民间社会越来越多地以更综合的方式参与本区域的文化政策和计划，特别是青年和私营部门。事实上，民间社会组织对文化生活的参与往往可以追溯到公共政策管理该部门之前，因为有些组织已经存在了将近一个世纪。这些组织往往拥有覆盖整个地区的庞大网络，并在偏远地区和小城镇拥有强大的影响力，例如，摩洛哥、阿尔及利亚和突尼斯致力于传承马格里布—安达卢西亚的音乐遗产协会。这些组织在让广大农村人口接触艺术和文化及向人们介绍文学和艺术遗产方面发挥着重要作用。活动包括提高对地区遗产的认识，为业余艺术提供支持，以及组织地方集市、节日和文化活动。这反过来又使民间社会组织了解农村人口的需要和关注点，可以通过各级政府的宣传工作发声。

> 文化资源寻求履行其使命，支持来自阿拉伯地区的艺术家……创作新的作品，并对这些作品进行旅行和巡演……并（支持）该区域文化产业的可持续性，同时不损害文化作为一种公共形式的利益和基本人权的价值。
>
> ——《文化资源》(Al-Mawred Al-Thaqafy)

新的协会逐渐出现，扩大了这些“母机构”的行动范围，特别是在城市。它们更积极地支持新的艺术表现形式和创新，提高了人们对艺术的认识水平，并促进了人们支持文化产业。通过民间社会组织越来越多的参与，文化部门正在解决迄今高度集中的公共文化方案的一个主要问题，即满足少数群体——失业者、残疾人、女童和妇女及农村人口——的需求。区域组织和网络，如Al-Mawred al-Thaqafy（意为文化资源），促进形成符合可持续发展目标4（教育）、5（性别平等）、8（体面工作）和10（减少不平等）的文化政策。

就私营部门而言，埃及、摩洛哥和突尼斯的电影业影响力越来越大，后两者稍弱。此外，近年来，人们对表演艺术及创意和传统手工业的兴趣日益浓厚，Shoof、Yala等在线平台普及后，整个地区都能买到这些产品。私营部门往往体现了文化产业非常现代的一面，受到迅速变化的数字和技术环境、不断增长的青年人口和从农村地区向城市的人口流动的影响。私营部门也支持多学科文化空间的出现，这些空间通常围绕剧院而建，支持艺术的发展。

值得注意的是，这些新加入的民间社会伙伴不仅参与了执行工作，还为政策制定做出了贡献，从而确保文化产业逐步适应不断转型的社会需求。在突尼斯，文化部定期要求非政府组织捐款。在埃及，艺术家工会成功地让人们听到他们的声音，这最终影响了政策决定。在沙特阿拉伯，一项多方利益相关者的研究促进了2019年3月宣布的新文化政策的制定。在约旦，新文化政策的制定参考了非公共部门、艺术家和文化工作者的意见。特别是由于私营部门的参与，这种向多利益相关者办法的转变也影响到文化产业的筹资。然而，文化产业继续严重依赖公共资金，需要持续努力刺激资金多样化，包括通过政策执行。目前，将民间社会和私营部门行为者充分纳入文化政策所有方面的适当框架仍然存在不足。采用这种框架及适当的工具和明确界定不同行为者的作用，将有利于该区域发展，促进形成更具参与性的办法，从而使政策和执行更加有力。

面对发展挑战的文化政策

文化与更广泛的可持续发展战略之间的明确联系仍然很少。例如，阿拉伯国家面临着城市中心快速发展和年轻人口激增的挑战。该区域的许多城市都有传统的历史核心区，通常被称为阿拉伯人聚居区，代表了阿拉伯城市的原型，是一个同质、连贯和不可分割的整体，应被纳入当代生活。然而，遗产政策总体上仍然很保守，更倾向于研究和保护，而不是适应和发展经济。因此，许多这些历史城区在城市发展过程中成为孤立的城区，而其他城市则按照可持续发展目标11（可持续城市和社区）将阿拉伯人聚居区地区发展为保存完好的传统商业中心和潜在的旅游景点。然而，在整个阿拉伯世界，甚至在同一国家的不同城市的阿拉伯聚居区的情况都非常不同，一定程度上缺乏一致性。在关于城市的可持续发展目标11的指导下，新的城市政策可以振兴这些历史中心。

此外，近年来，该区域的紧张局势及某些情况下的武装冲突对帕尔米拉和阿勒颇（叙利亚）、摩苏尔（伊拉克）等历史名城及其他文化遗址造成了重大破坏，破坏了当地的文化习俗，恢复这些习

2015年成立的苏丹和平研究所倡导和平文化。其全国反战运动包括一个艺术促进和平的方案，以及媒体促进和平的方案。

俗是一个重大挑战。认识到遗产对恢复人们身份认同的重要性，也是联合国教科文组织旨在恢复文化遗产地、复兴文化和教育机构的重要倡议“重振摩苏尔精神”的关键组成部分。作为对该区域冲突和非法贩运文化财产的回应，一些国家努力发挥文化在应对暴力极端主义方面的作用，从而促进更可持续的和平，尽管这往往仍限于民间社会组织的方案，在政策上仍未得到充分探索。该区域一些国家采取了建设和平和保护公民的政策，如《阿联酋愿景2021年国家议程》。卡塔尔的《文化和体育部门战略（2018～2022）》还力求将文化作为保护身份、建立公民身份和文化交流的框架，特别是通过发展文化遗产达成这一目标。对文化遗产的未来进行区域性思考，包括利用跨文化对话来防止冲突的战略，可以强调各个国家的倡议。

长期以来，该区域的文化一直被视为塑造青年思想、帮助他们成为“未来公民”的一种方式。约旦、黎巴嫩和沙特阿拉伯优先考虑年轻人参与文化领域，而阿曼的“Yashhadoon”计划旨在形成一个侧重于口述非物质遗产的年轻研究人员基地。每年的世界阿拉伯文日（联合国教科文组织于2012年宣布）也庆祝阿拉伯文化、诗歌和文学的财富，让青年参与具有创造性的和涵盖文化的活动。联合国教科文组织还带头讨论如何让青年更好地参加与文化和遗产有关的教育项目。这种得到高度重视的教育当然也反映在整个区域，包括农村地区的文化机构网络的早期建立。然而，文化和教育部门之间的正式合作仍然很少。各部委缺乏联系影响了整个教育系统，导致巨大的技能差距。例如，只有极少数国家有足够的基础设施为儿童和青年提供艺术教育，例如音乐学院、舞蹈学院、戏剧学院、视觉艺术学院或摄影学院。此外，高等教育在文化相关学科中仍未得到充分发展，并倾向于采取一种相当传统的方法。应对不断增长的社会需求可能就需要在未来加强两个部门之间的协调。

最后，许多阿拉伯国家正面临气候变化带来的一些严重后果，但其国家政策很少提及气候变化对文化和文化遗产的影响。列入联合国教科文组织《世界遗产名录》的阿拉伯国家的自然遗址很少，但阿拉伯国家积极参与联合国教科文组织生物圈保护区等计划，证明了其自然保护地的重要性。目前，沙特阿拉伯是该区域少数几个最近将世界自然遗产景点纳入文化政策的国家之一，从而为更全面的保护和管理办法打开了大门。另外，整个地区被列入《世界遗产预备名单》的自然遗址和混合遗址的数量增加，证明了人们对自然遗产保护越来越感兴趣。联合国教科文组织阿拉伯世界遗产区域中心成立于2012年，该中心提供的技术支持是帮助成员促进和管理文化和自然遗址的重要基础。

8 阿拉伯国家

展望未来 LOOKING AHEAD

阿拉伯国家有着强大的文化传统，文化是国家建设的支柱，这种传统可以被有效利用和变得现代化，以应对从城市规划到气候变化等方面出现的新挑战。人们日益认可本区域丰富的非物质文化遗产的趋势可以加强保护和重视本区域建筑遗产的既定做法，并促进社会包容，特别是在农村人口、妇女和青年中。该区域扩大创意经济的巨大潜力也受到越来越多的关注，一些关键的例子如灯塔般脱颖而出。该区域许多民间社会组织的经验和影响力与这些努力相辅相成，可以深化和细化文化政策，加强伙伴关系。再加上影响力越来越大的私营部门行为者的投入，这种参与不仅可能提升该部门的经济潜力，还有可能促进其获得最基本的自由。

缩略词 ABBREVIATIONS

ACC	亚洲文化协会	Asian Cultural Council
AFRICACULT	政府间非洲文化政策会议	Intergovernmental Conference on Cultural Policies in Africa
AFRICOM	非洲博物馆国际理事会	International Council of African Museums
ALBA	美洲玻利瓦尔联盟	Bolivarian Alliance of the Americas
ALECSO	阿拉伯联盟教育、文化及科学组织	Arab League Educational, Cultural and Scientific Organization
ASEAN	东南亚国家联盟	Association of South-East Asian Nations
AU	非洲联盟	African Union
AVI	亚洲愿景研究院	Asian Vision Institute
CAN	安第斯共同体	Andean Community
CARICOM	加勒比共同体	Caribbean Community
CARIFORUM	加勒比国家论坛	Caribbean Forum
CDIS	联合国教科文组织文化促进发展指标	UNESCO Culture for Development Indicators
CELAC	联合国拉丁美洲和加勒比国家共同体	Ministers of Culture of the Community of Latin American and Caribbean States
CIS	独立国家联合体	Commonwealth of Independent States
CLACSO	拉丁美洲社会科学理事会	Latin American Council of Social Sciences
CoMoCoSEE	东南欧文化部长理事会	Council of Ministers of Culture of South-East Europe
CSME	加共体单一市场和经济体	Caribbean Single Market and Economy
CSO	民间社会组织	Civil Society Organization
EC	欧盟委员会	European Commission
ECLAC	联合国拉丁美洲和加勒比经济委员会	United Nations Economic Commission for Latin America and the Caribbean
El-Pikir	民意和预测研究中心	Centre for the Study of Public Opinion and Forecasting
EU	欧洲联盟	European Union
GDP	国内生产总值	Gross Domestic Product
IPBES	生物多样性和生态系统服务政府间科学与政策平台	Intergovernmental Science-Policy Platform on Biodiversity and Ecosystem Services
ISESCO	伊斯兰教育、科学及文化组织	Islamic Educational, Scientific and Cultural Organization
MERCOSUR	南方共同市场	Southern Common Market
OCPA	非洲文化政策观察站	Observatory of Cultural Policies in Africa
ODA	官方发展援助	Official Development Assistance
OECD	经济合作与发展组织	Organisation for Economic Co-operation and Development
PDNA	灾后需求评估	Post-Disaster Needs Assessment
SAARC	南亚区域合作联盟	South Asian Association for Regional Cooperation
SDG	可持续发展目标	Sustainable Development Goal
SEGIB	伊比利亚美洲总秘书处	Ibero-America General Secretariat
SICA	中美洲一体化体系	Central American Integration System
SPC	太平洋共同体	Pacific Community
SPTO	南太平洋旅游组织	South-Pacific Tourism Organization
UIS	联合国教科文组织统计研究所	UNESCO Institute for Statistics
UN	联合国	United Nations
UNASUR	南美洲国家联盟	Union of South American Nations
UNESCO	联合国教科文组织	United Nations Educational, Scientific and Cultural Organization
UNWTO	世界旅游组织	World Tourism Organization
VNRs	自愿国别评估	Voluntary National Reviews
WIPO	世界知识产权组织	World Intelletual Property Organization

参考文献

REFERENCES

AFD, EY. 2018. *Étude stratégique sur le secteur des industries culturelles et créatives.*

African Development Bank. 2013. *African Economic Outlook 2013, Structural Transformation and Natural Resources.*

Caribbean Regional Negotiating Machinery. 2006. *The Cultural Industries in CARICOM: Trade and Development Challenges.*

CARICOM. 1994. *Regional Cultural Policy of the Caribbean Community.*

CARICOM. 2006. *Caribbean Single Market and Economy.*

CARICOM. 2014. *Strategic Plan for the Caribbean Community 2015-2019: repositioning CARICOM.*

CARIFORUM, European Union. 2008. *EU-CARIFORUM Economic Partnership Agreement.*

CELAC. 2015. *Cultural Action Plan 2015-2020.*

CELAC. 2018. *Statistical Yearbook for Latin America and the Caribbean.*

CIS Heads of State Council. 2012. *Cooperation Strategy of CIS Member States for Building and Developing Information Society.*

CoMoCoSEE. 2014. *Enhancing Culture for Sustainable Development.*

CoMoCoSEE. 2019. *Regional Study on Culture and Public Policy for Sustainable Development: Europe and North America.*

Council of Europe. 1954. *European Cultural Convention.*

Council of Europe. 2000. *Declaration on Cultural Diversity.*

Council of Europe. 2011. *Compendium Cultural Policies and Trends in Europe: Bulgaria Country Profile.*

Council of Europe. 2017. *Compendium Cultural Policies and Trends in Europe: Belgium Country Profile.*

Council of Europe. 2018. *Compendium Cultural Policies and Trends in Europe: The Netherlands Country Profile.*

Council of Europe. 2017. *European Heritage Strategy for the 21st Century.*

ECLAC. 2014. *Guaranteeing Indigenous People's Rights in Latin America.*

Eurasian Commission. 2019. *http://www.eurasiancommission.org/ru/act/integr_i_makroec/dep_stat/econstat/Pages/default.aspx.*

European Commission (EC) and Organisation for Economic Co-operation and Df evelopment (OECD). 2018. *Teaching, Assessing and Learning Creative and Critical Thinking Skills in Education.*

European Commission. 2007. *European Agenda for Culture.*

European Commission. 2018. *Mid term evaluation of the Creative Europe programme.*

European Parliament. 2019. *Directive on Copyright in the Digital Single Market.*

European Union. 2002. *Treaty establishing the European Community.*

Eurostat. 2015. *Cultural participation by cultural activity.*

EY. 2015. *Cultural Times: The First Global Map of Cultural and Creative Industries.*

Deadline. 2019. https://deadline.com/2019/08/haifaa-mansour-saudi-arabia-perfect-candidate-venice-film-festival-1202706656/

IPBES. 2018. *Regional Assessment Report on Biodiversity and Ecosystem Services for Africa.*

Government of the Republic of Azerbaijan. 2008. *Mission Statement of the World Forum on Intercultural Dialogue http://bakuprocess.az/baku-process/mission/*

Government of Barbados. 2010. *National Cultural Policy of Barbados*

Government of Belize. 2017. *National Cultural Historic Preservation Act*

Government of Belize. 2016. *Belize National Cultural Policy 2016-2026*

Government of Canada. 1988. *Canadian Multiculturalism Act.*

Government of Canada. 2018. *Canada Voluntary National Review.*

Government of Canada. 2018. *Creative Export Strategy for Creative Industries.*

Government of Canada. 2019. *Anti- Racism Strategy.*

Government of Cayman Islands. 2017. *Cayman Islands National Culture and Heritage Policy and Strategy 2017-2026.*

Government of Chile. 2016. *La Política Nacional Indígena.*

Government of Ecuador. 2008. *Constitution of Ecuador.*

Government of Ecuador. 2016. *Manual of Contingency Procedures in Historical Archives for Natural Disasters'.*

Government of Jamaica. 2003. *Jamaica National Cultural Policy.*

Government of Jamaica. 2009. *Jamaica 2030 Vision.*

Government of New Zealand. *New Zealand Pacific Arts Strategy 2018-2023.*

Government of Norway. 2018. *The Power of Culture – Cultural Policy for the Future.*

Government of Pakistan. 2018. *Pakistan National Culture Policy.*

Government of Qatar. 2018. *Qatar Culture and Sports Sector Strategy 2018-2022.*

Government of the United Arab Emirates. 2010. *UAE Vision 2021 National Agenda.*

Nurse, K and Nicholls, A. 2011. *Enhancing Data Collection in the Creative Industries Sector in CARIFORUM.*

OECD. 2019. *Converged Statistic Reporting Directives for the Creditor Reporting System and the Annual DAC Questionnaire.*

Organization of Ibero-American States (OEI). 2007. *Valparaiso Declaration.*

Pacific Community (SPC). 2018. *Outcomes of the 4th Meeting of the Pacific Ministers for Culture.*

Pacific Islands Forum Secretariat. 2004. *The Pacific Plan for Strengthening Regional Cooperation and Integration.*

Pacific Islands Forum Secretariat. 2014. *Framework for Pacific Regionalism (FPR).*

SEGIB. 2014. *Digital Cultural Agenda for Ibero-America.*

Seymour, A. J. 1977. *Cultural Policy in Guyana.*

South-Pacific Tourism Organization (SPTO). 2015. *Pacific Regional Tourism Strategy 2015-2019.*

SPC. 2012. *Regional Culture Strategy: Investing in Pacific Cultures 2010–2020.*

SPC. 2016. *Framework for Resilient Development in the Pacific 2017-2030.*

UNESCO, ACC. 2019. *Regional Study on Culture and Public Policy for Sustainable Development: Asia.*

UNESCO, ALECSO. 2019. *Regional Study on Culture and Public Policy for Sustainable Development: Arab States.*

UNESCO, CARICOM. 2019. *Regional Study on Culture and Public Policy for Sustainable Development: Caribbean.*

UNESCO, Department of Canadian Heritage, Ministry of Culture and Communications of Quebec. 2019. *Regional Study on Culture and Public Policy for Sustainable Development.*

UNESCO, El-Pikir. 2019. *Regional Study on Culture and Public Policy for Sustainable Development: Eastern Europe, Central Asia and the South Caucasus.*

UNESCO, Ministry of Education and Culture of Indonesia. 2019. *Resolution of the International Forum for the Advancement of Culture. https://en.unesco.org/sites/default/files/jakartastatementfinal.pdf*

UNESCO, OCPA. 2019. *Regional Study on Culture and Public Policy for Sustainable Development: Africa.*

UNESCO, Pacific Community (SPC). 2019. *Regional Study on Culture and Public Policy for Sustainable Development: Pacific.*

UNESCO, SEGIB. 2019. *Regional Study on Culture and Public Policy for Sustainable Development: Latin America.*

UNESCO, World Intellectual Property Organization (WIPO). Tables compiled by Dimiter Gantchev, Director, Creative Industries Division, WIPO. 2019. *Regional Study on Culture and Public Policy for Sustainable Development: Asia.*

UNESCO. 2014. *Culture for Development Indicators: Burkina Faso's analytical brief.*

UNESCO. 2016. *Culture Urban Future.*

UNESCO. 2016. *World Heritage and Tourism in a Changing Environment.*

UNESCO. 2017. *ReShaping Cultural Policies.*

UNESCO. 2019. *UNESCO Thematic Indicators for Culture in the 2030 Agenda for Sustainable Development: technical guidelines.*

United Nations. 2015. *Africa Regional Report on the Sustainable Development Goals.*

United Nations. 2018. *World Urbanization Prospects.*

WTO. 2017. *International tourism, number of arrivals - Ethiopia. Accessed November 5, 2019: https://data.worldbank.org/indicator/ST.INT.ARVL?locations=ET&name_desc=false*

WIPO. 2019. *World Intellectual Property Indicators.*

World Bank. 2012. *Expanding Financing for Biodiversity Conservation.*

World Bank. 2015. *Indigenous Latin America in the Twenty-First Century.*

World Bank. 2016. *Out of School and Out of Work: Risks and Opportunities for Latin America's Ninis.*

World Bank. 2016. *Tourism Pacific Possible Background Paper N°4.*

World Bank. 2018. *World Bank Databank.*

图书在版编目（CIP）数据

文化与公共政策：面向可持续发展 / 联合国教科文组织文化部门编；张璐译．-- 北京：社会科学文献出版社，2022.9

书名原文：Culture and Public Policy for Sustainable Development

ISBN 978 - 7 - 5228 - 0580 - 1

Ⅰ.①文… Ⅱ.①联… ②张… Ⅲ.①文化事业 - 方针政策 - 研究报告 - 世界 Ⅳ.①G1

中国版本图书馆 CIP 数据核字（2022）第 156222 号

文化与公共政策：面向可持续发展

编　者 / 联合国教科文组织文化部门
译　者 / 张　璐
审　校 / 联合国教科文组织国际创意与可持续发展中心

出 版 人 / 王利民
责任编辑 / 祝得彬
文稿编辑 / 聂　瑶
责任印制 / 王京美

出　版 / 社会科学文献出版社 · 当代世界出版分社（010）59367004
地址：北京市北三环中路甲 29 号院华龙大厦　邮编：100029
网址：www. ssap. com. cn
发　行 / 社会科学文献出版社（010）59367028
印　装 / 三河市东方印刷有限公司

规　格 / 开　本：889mm × 1194mm　1/16
印　张：6.5　字　数：175 千字
版　次 / 2022 年 9 月第 1 版　2022 年 9 月第 1 次印刷
书　号 / ISBN 978 - 7 - 5228 - 0580 - 1
著作权合同登记号 / 图字 01 - 2021 - 2630 号
审 图 号 / GS（2022）1247 号
定　价 / 98.00 元

读者服务电话：4008918866

版权所有 翻印必究